��������������� - ���������

��������

���� ����� ������

[illegible] - [illegible], [illegible], [illegible] - [illegible], [illegible].

[illegible]. [illegible], [illegible], [illegible]. [illegible], [illegible], [illegible].

[illegible], [illegible], [illegible]:

vandanadd2569@gmail.com

[illegible] | [illegible] 2025

���������

���� ���� ������������� ����� ���������-

������ ��������� �������������.

��������, ������������, ������������ ����� �������������

��������� �������� ���� �������������,

����������� �������� �����������,

������ ������� �������� ���� ��������.

������ �������������

��� ������ ������������ ��������.

� �������� �����.

������ ���� �� �������� ����� ��������.

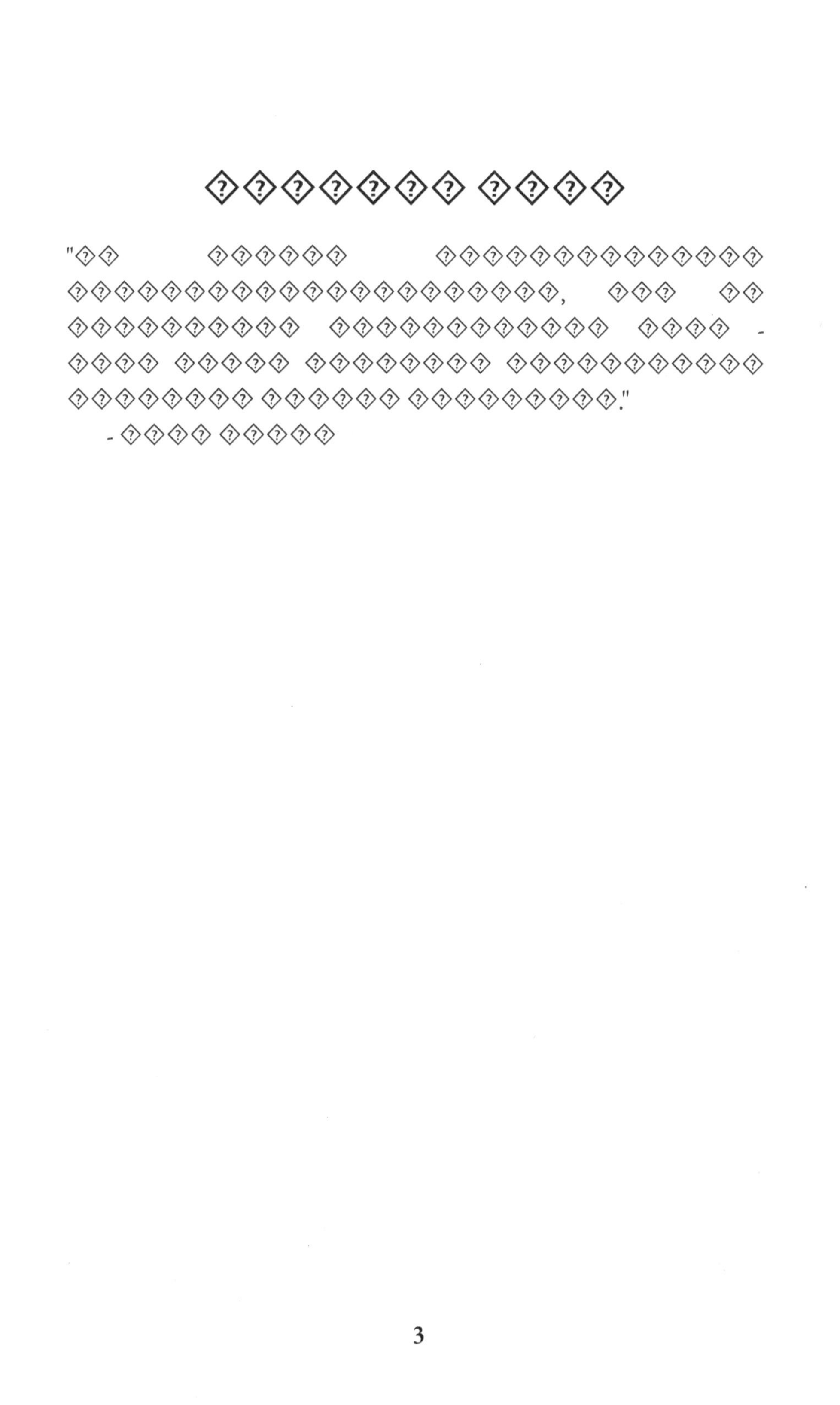

������� ����

"�� ������ ��������������
���������������������, ��� ��
���������� ������������ ���� -
���� ����� �������� �����������
�������� ������ ���������."

- ���� �����

���� ������

������ I – ��������: �������� ����������

1. ���� ���� ����� - �������� ������ �������������� ����� �������� ������ ������������

2. ��������� ��������� - ������, ���� ����� ����� ������� ������

3. ����� �� ������� – �� ������� ������� �������� ����� ������ �����������

4. �������� ���� - ���� ������� ������ ���� ����� �� ������ ���������������

������ II – �������� ����������

5. ��� ������� ������ ��������� - ������ ������������ �������� ���� ������

6. ����� ������ – ������, ��������� ����� ����� ����� �������

7. ���� ����� ������� ���� - ���������, �� ����� ���������� �����������

8. ������� ����� ������� - �����������, �-������� ����� ����� ������ ������� ����������

������ III - �������� ���� ������

9. ������� ��� ��������� - �������, ������ ����� ���������� �����������

YouTube

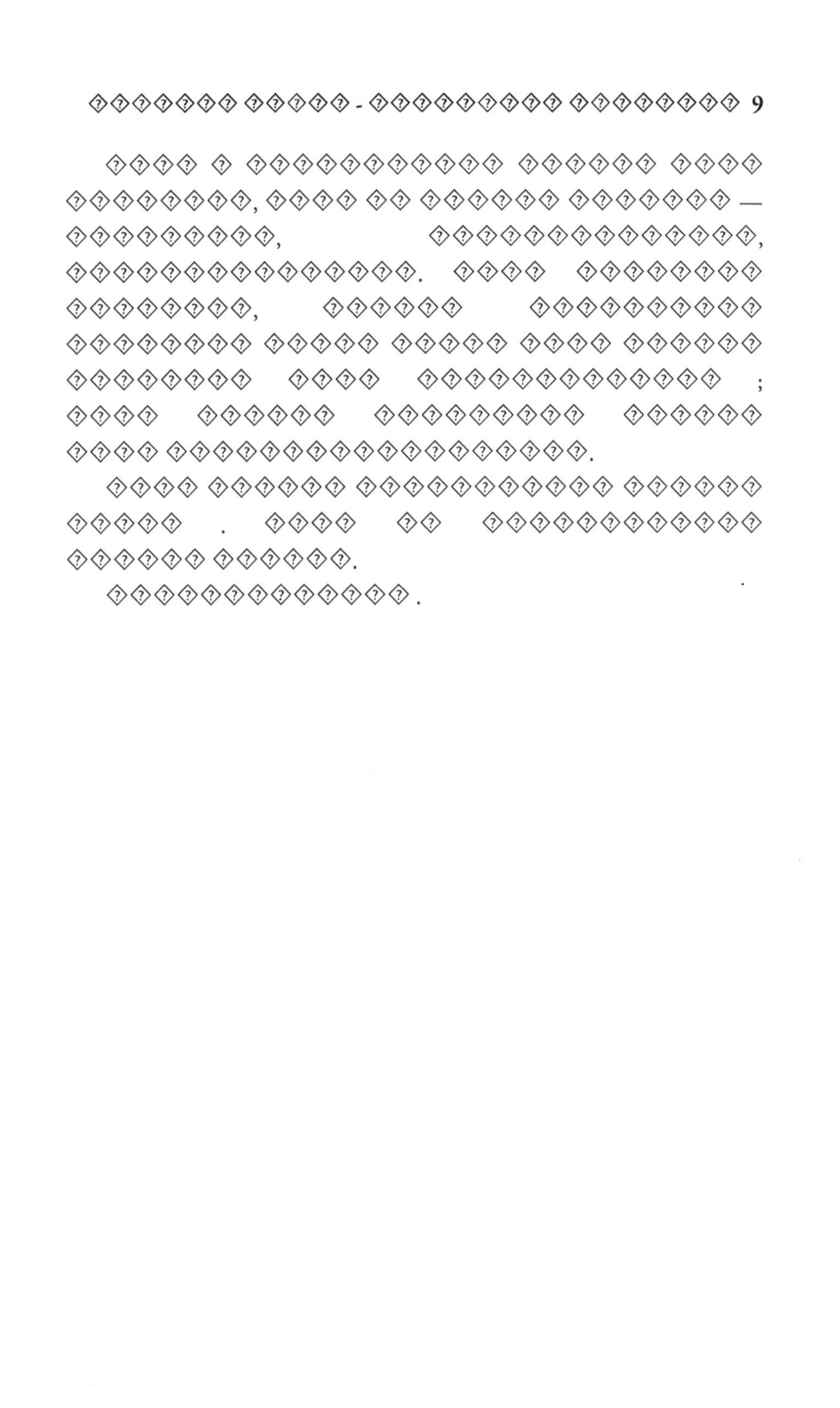

�������� 1 — ���� ���� �����

(������ ������ �������������� ����� ��������� ������ �������������)

����� ����� �� ����������������� ������������ - �� ������ �������� ���� ������������ ������ ����, ���� ��� ���� ���������� �������� ������. ������ �� �������� ������������ ����� ����� ������� �������� ���� �� ����� ������ ��� ��������� ��� ����������� ������� �������.

� �������������� ������ �� ������ �������. ���� ���� �������� ��� �� ������ ������ �������������. ����������� ������ ������ ����������.

1. ��������� ���� ���������

���� ��������� �� ������ ������, ��� �� ���� �� ������ �������� ������ ����� ����� �������� ����� �������. ��� ������ ������� ���������� ���������� - "���� �������� ��� " ��� ��� ��������. ������ ��� ��������� �� �����

�-�������� ������ �� ��������� ������� ��������. ��� ��������� ������ ��������� ��������. ��������������, ���� �� ����������������� ���������.

��������� ������� ����. ������� ����. ������������ ������� ����������������� �������� �������.

��� �� ���������� ����� . ��� ���� �������� ��������������.

���������, ������� ������ ����������,������������� �������� ��� ������������ ������ �������� - ���� ��� ��������� ������������������. ���. �������. "���� ���������������������" ������� ���. ������������, � ��������� ������� ����������������, ��� �������� ������������.

2. ��������� ��������

������������ �������, �������� �������, "������ ������ �����������" ���� ��������� ���������. ������� ������� ������� ���������, ���� ��� �������� ����������� ����������.

�������� �� ������� ������� ������ ����������������������� �������� ������ �������� ��������, ��� ������������� �����, ����� ������������ ������, ����� ����� ������ �������� ������������ �����

� ��������� ���������������
�������� ���������������
�����������.

���� �������: ���� ���� �������
����. ���. �������. ���� ��� ������
������� ����� ������ ��������.
���� �� ����������� ����������
����������� ����� �� ����
�������������. � �������
������������� ����.

4. �������� ���� ����� ������
����. ������� ����.

������������ �����������
������������ ������, �������
������ ������ ��� �����
������������ �� ���� ����
������� ��������������. ���
���������� ����� �����
����������� �������
��������������. �� �������� ����,
����� ������� ����� ����� �����
������� ��������� ������
�������.

����� ����������, ������
�������� ����������, ������
������ ������������ - ��� "�����"
���� ���� ���� ����, ��� ���� ����
������.

���� ������ ����� �����������
���� ���� ����� ����������
��������������.

��� ������������ ���������� ����������.

���� ���������� �����������

���� ������������� ������, ������� ����������� - ����� ����������� ���� ����.

��� ���������������� ��� ���� ����������.

������� ����������������� ������ �������.

������� �������� ������ ���������� ���� ���� �������.

������ ���� ���������� ���� ������������������� - ���� ���������� �������� ����, ���� �� ����� ��������� ��� ������������� ���� ���� ������������� ��������.

����������������: ���� �� ������ �������� ������� ����������, ����� ������������. ������� ���������� . �� �������� ������� ������� �������������.

6. ������� ����, ��� ���������

��������� ����� ����� ���� ; ��� �������� ����� ���������.

������ ��������� ����� ������ ���������������:

�� ������� ���� ����������� ���� ���� ���� ��� �����������?

���� ��������� ������ ����� ���������� � ���������� ���� ���� ?

���� ���������� �������, ��� ����������� ���, ���� �������������?

���� ����� ������������� �������, �������� �������� ���������������.

���� �� ������������ ��������������� ������ ����� . ���� ���������������� ���� ������ ����������� ������ ����� . ����� ��� �� �������� ������ ������. �� ������ ����, �� ������������, �� �������.

� ������� ��������� ������������������ - ������ �����.

7. ������ ����

���� ���� ������� �� �������� ������������������ ���������� ������ ������� ������ ������� - ������� ������� ���� ����������, ���������� ���� ������� �����������, "�������" ���������� ���� ����� �������� ����������.

� ������ ���� ���� ��������� ����, ���� ���� �������� ��������� ��������� ��������������������� ���� ��� ������� . ��������� ����������� ����������� ���������.

���� ����������� ������� ��������������� ����������������� ���������, ������� ����������������: �� ������� ������� ����������� ����������, ��� ������� - �� ���������, �� �������������, ��

��������� ��������� ��������������. ���� ��������� ��������� ����. ���� ������������ ��������������.

8. ����� ������

���� ��������� ���������������, ���� ������ ��������� ������� ���� ������ ������. ������ �� ����� ������������.

������, ����� ���� �����, � ���� ���� ������ ����������� �� ����� ���������� ������. ��� �� ���� ���� - � ����.

����������� . ������� ��������������.

9. ������ ��������

�������� ������ ���� ����� ����� ����������� ������ �������� ���������������. ��� ����� ��� ����� ₹1,200. ����, ��� �� ���� ������� ���� �������� ���� ������� ������ ��������. ��� �������� ��� �������� ����� ������������, "���� ������ ����� ���� . ���� ������� �����" ��� ����������� ��� �������� ��� ����������� ����������.

��������� ������ ��� ��� ��� ���� �� ������ �� ����� ����������� ������ ��������� ����� ����� ��������������. ���

������������� ���� ��������� ����� ����� ���������������, ���� ������ �������� ��������� ������������ ����� �������� ���� ������������� ���������������. "��������� ���� '���������' ��� �������� ���������� ," ��� ��� ���������. "�������� �������� ������ ����� ���� ������ ����."

� ���� ������������ ���� . ��� ������� ��������� ���������. ���� ���� ����� ��������� �������� ����� - ��� ��������� �������� �������� ��� ���������������.

������� ����

��������� �������� ��������������� ���� �������� . ���� ������������� ������ �������� ������.

—-

������� ����������������

������ ��������, ��������� �� ������, ��������� �������������� ������� ������ ������� ������������� - ������, ����, ������� ����� �������� ������� ��������. ���� ���� �������� ������ �����, ������ ����������������:

���� �������� ���� ���� ������ ������. ������ ������ ������.

�������� 2 — ����������� ����������

(�������, ����� ������ ������ ��������� �������)

����� �������
������������������������������
�������� ��������� �����, �����
������������������.

"���������� �������� �����."

"������ ������� ��������."

"������� ����� �������������?"

"��������� ���������� ����� ������."

������� ��� ������ �������� ������ �����. ����� ��� ������ — ����� ����������� ������, ��������� ������, ��� �� ������ ������������ ���������������.

����� �������������������, ������ ����� ������ ��������������.

1. ���������� ������ ������ �������

����� ����� ������ ��������������� ������. �� ������������ ��������� ������������������� ������������. ����� ��� ����� . ����� ������������������� ������� ������� ������� ������ �������� ��� ������������������.

������ �� ����� ������ ����, “������ �� ������������� ����� ����” ��� ����������.

�������� �������� ����� �������� ���������� ������� ���� �������.

���, “���� ������� ���� ����� �������������” ��� ����.

��� ���� ������, ��� �� ������� ������� ���� �������� ������ ������� ����� �����������.

��� ����� ������� ���� . ��� ��������� ���. ������ ������ ����� ����������� .

����: ���� ���� ������� ������ �����, ������� �������� ���� “����������” ������� ��������������.

2. ������� ����� ������

����� ������������. ��� ������������� ���� .

���� ����� ��� ���� ������ ₹10,000 ���� ��������� ���������������.

�������� ������� ���� �� ����� ������ ����� ����� �������� - �����, ���� ����� ��� ����� �������� ��������� �� ����� ������ ������ ����� ����� �������� ����������� . �������� ��������������, ��� �� ������� ������ �������� ���������.

��� "������ �����������." ��� ������������ �����������.

������� �������� ���� ����������������� ������� ������, �� ����� ��������� ���� ������ ������ ������:

���� ����� ���������� ������������

���� ��������� ����� ���� ��������

����, ����� ���� ����� ��������� ��������� ���������

���� ����������� ������ ������� ���������� ���������������.

3. ������� ������ ������

���� ���� ������ �� ������� ����� ������ ����� ���� ���� ������. ���������� ��� ��������� �������.

���������� ����� ���� ������� ������������� - ���� ����� ������������ ����, ���� ��������� ������������.

����, �������-������� �������������, ��� �� ����� ���������� ������� ����� �������������, ���� ����� "���������� ����" ��� ������ ���������. ����, ���� ����� "�� �����������������" ��� ������ �������������.

���� ����� ���������������� ����� ����� �������� ������ ���� ���� ������� . ���� �������� ����������, ���� ������ ������ ��� �������� ������.

����: ������� ������������� ����� �������. � �������� ���������� �� ���.

4. ����� ������

"���� ������� ������� ����" ����� ���� �������� ����.

�������. ���� ����� ���� ���������� ����� ����� ����.

������ ����������, ��������� ����� ���� ��������� ���� ������ ������ ����.

���� ��������������� ��������������, ���� ���� �������, �������, �������� �������������� �������� ���������������. �������� ������������� ����� ����; ������ ����.

����: ��������� ����������� ������ ��������������.

5. �� ���� ��� ��������

������ ������, “�������� ����������,” ���� “���� ������ ������ ����� ������,” ���� “����� ��������� ��������” ��� ������.

� ��������� �������������� ������������, ���� ��� ��������� ��������� �������.

�� �������� ������� �� ��� ���� ���������������������� �������� ������� ������������������ ����� ����. ����.

��� ����� ������� ����� ���� — ���� ��������� ��������� ��������� ����� ����� �������� ����� ���������.

6. ������� ������� ������ ��� ����

������������� ���� �������� ����� ���� . ���� ��������� ����� ������������ ����������������� �� ���������� �������� - ��� �� ���������� ������������� ��������������������.

�� ���������� ��������� ������� ���������������: �� ������� ��������� ���������� ���� ����, �������� �������� ����, ��������� �����. ��������� ������. ��������� ����������. ������ ���������� ������������� ��� ����������.

����: ����� ����� �� �������, ������ ����.

7. �������� �����

������������� ��� �������� ����������� �������� �� ������� �������.

"���� ����������?"

"[illegible]?"

"[illegible]?"

[illegible].

[illegible], [illegible].

[illegible], "[illegible]."

[illegible] — [illegible].

8. [illegible]

1. [illegible].

2. [illegible].

3. [illegible] - [illegible] 14 [illegible] - [illegible].

[illegible].

9. [illegible]

[illegible].

[illegible]

[illegible]

����� ���� ���� ���������������� ����. ��� ������� ���������� ����� ������� ������ ��������� ����� ����, �������� ������� �������� ������� ����, 500 �������� ������ ��������� ���������.

����� ��� �������� ���������� ������������ ������ ���������� ����� ��� ��� "������ ������ ���� ��������� ��������������" ��� ��������������� ��� ������������.

��� � ���������� ������� — ��� ������� ��������������.

—-

�������� ������������������

����� ������� ������� ��������� ��� ������������ ���� �����������������.

������ �� ����������� �������������������� �������� - �� ������������ ������ ����������� ������������ �������� �������� �������������.

������� �������� 3: ������ �� �������� ������ ������������� — ������ �������, ������� ��������� ��������� �� �������� ������ ������������.

�������� 3 — ��������
������ ���������� �����

(�� ��������� ��������� �������� ������� ������������)

����� ������ ������� �� ����� ���������� ����������������: ��� ��� ��������� ���� ���������������.

���� “��� ��������” ��� ������� ������� . �������, �������, ��� ��� ���� �������������.

��� ������ ������ ���������� �������� ������.

1. �������� ������ �����������

�������� ������� �������� ������ ; ��� ��������� ���������� ������������.

������ ��� .

�������� �������� �������� ���������.

�������� ��������� �������, ���� ����� ������� ����� ������.

��������� ������� ��� �� ����������� ������� ��������� ������� ������������� ��������� �������� ������������ ���������. ��� ������� �������� ��������� ����� �������� ������ �����

����������� �� ������� ������� ����� ��������������. � ����� ���� �� ����� ������� ���������� ������� - ������� ��� ���������� ��������������.

�� ����� ����. ������ �������� �������������.

����: ����� ������� ����� ������� ��������� ��������� �����������.

������� ����������?

��������� ���� ���� �������� ������:

1. ���� �������������, ���� �� �������� ���� ������� ��� ��������� ������ ������ �������������?

2. ��� ���� ������� ���� ��������� ������� ������� ���������������?

3. �� ����� �������� ���� ������ ������ ����������� ���������������?

���� "�����" ��� ������� ������������ , ������ ������. ������� ������������, ���� ����� ���������� ����� ��������.

��������������, ����� ������� �������� ����. ������ ��������� ����� ��������� ����������������.

3. 3C �����: ��������, ����������, ��������

��������: ���� ���������� ��� ����������������? (������� �� �������� ��������������.)

����������: ����� ������� ������� ����� ������������? ��������, ���� ������ �������������?

��������: ���� ������������� ����� ���������� �������� ���� �������?

������� “C” ����������� ����������, ���� ������ ���������� ������� ����� ������ ���������.

4. �������� ��������� ����, ����������� ��������������

���� ���� ������� �������� ��� ���������� ���������������� - “�� ��������� ������ ������ �������!” ��� ������������ ���������.

�������� ��������������. ���� ������� ��������� ��������� ���������� - �� �������� ��������, �� ���������, �� ������� - ��� �������. � ������ ���������� ������������ �������, ������� ����.

����������� ������ ����� �������� ����������� ���� �������� ������� ����� ����� ����� ����������������. � ����� ��������� ������� ���������� �������� ������. ���� ��� ��������������

��������� �������������. ��� ��������� �������� ��������. ��� �������� �������� ��� ��������.

5. ��� ���� �������������� �������

���� �� ��������� ���������� ��������� ������ ���� ���������� ���������� �������� ��������� �����, ���������� ��� ���� �������� ������������ ����������.

����������� ₹100 ������ — ��������� ��������.

������� �������� �������������� , ������ ������� ������������������ .

� ������ ������� � ��������� �������� ����� ������� �������������.

6. ���������� ���������� ��������

�������� ���� �������� - ����, ������, ��������������.

�� �������� �� ������� ��������� �������:

"���� __ (���) ��������� ������� __ (��� ����������) ����� ����������."

�������:

"��������������, �������� ��� ������ ���������� �������� ������ ������� ������� ��������� ���� ��� �������� ���� ������ ���������."

������� 30 ��������� ���� �������������� ���� �������� �������� ������� ������� :

��������� ���� ������ ������������� ��������������.

�� ����� ���� ����� �������������.

������� �������� ����� �������������� ���������, ������ ��� ������������� ���� ������� ����������.

���� ��� ����� ������, �� ����� ������������ ����������.

7. ������������� ���

���� ��� ����������������� ��� ������������ ����� ���� ��������������� ������������ . ���� "���� ���������" ����� ������������. ���������� ��������� ���� ������ �������� ����������.

���� �� ��� ������� �����������������, ������ ������ ������������. ���������� . ���� ���� ������������������ - ����� �������, ���� �� ����� ���������� �������.

8. ����� �� �����������

���� ����� �������� ����� ���������� ������ �����, ��������������:

���� ����� ��� ���� ���������� ��������������� ��������� ���� ����� �������������.

�� ��������� ������� ����� ��� ����� ���� ������.

�� ������ ��� ����������� �������� ������ .

���� ��� ������������ ����� ���������� ��������.

��������� ���� ������, �������� ���� ���� ������� ����� ������ ���� ������� ������.

������ ��������

������� ������ ������� ������� ���� ���� �����. ��� �� ������ ������ �������� �� ���������� ������ ������ ������ �������������. � ���� ��� ₹2,400 ������������ ����� ���� ���������� ����������� �������. � ������ ��� �� ������, “��� ���������������” ��� ����������.

��� �� �������������� ������ ������� . ����� �������� ������ �������. ��� ����������.

������ ����

�������� . ��������� ���� ����� �������� ������������.

—-

������� ���������������

���������, �� ������� �� ���� ����� �������� ������ ������.

������ ���������� ���� �������� - ������� ����������� ������ ������� ���������� �������.

��� ��������������: �� ���������� ������ ������

��������, ���� ����� ��������� ������������� �������������.

������� 4 — ���������� �����

(���� �������� ������� ���� ������ �� ������� �����������)

������ ������ ������ �� ���� ������������� �������������.

��� ������������. ��� ������������� �������������. ���� ���� ������������� ���������� - ���������� ����������, ����������� ������������, ���� ��������� �������� ��������.

�������� �� ��������� ������������ ���� ��������������������.

����� ��� �������� ���� ������� ������ �������� ������.

1. ���� ��������� ������� ����� ���� ��������

�� �������� ���� ��������� ����� ���� ���������� ������ ������, ������ ���� ����� ������� ������ ��������������:

�. ������ �������:

������� ��������������?

�� ������������ ����. �������� ������������. ₹50 ���� ���������� ���������.

���������� �������� ���� ����� ����, ��������������� ��������� ������.

��. ������� �������:

���� ������ ������������ �������� ��������?

���������� ���������� ������������� ��������� �� ��������� ���� ������ ���������.

��. ���� ������:

�� �������� ����������� ��������?

���� ���� ���������� ����� ���� — ����� ������, ������ ����� ���������.

2. ����� �������� ��������������

���������� �������� ��������� ����� ���� ����������� ������������� ������, �� ���� ������ ��������� ���� �� MVP�� ����������.

���� ���� ������������ ������� ��������� �������� ��� �����, �������� ��������.

��� ������ ����������� ��������� ���������� ���������������������. ����� ������������ ������� ��� ��. �� ���� ���������� ��������� ��� ������������� ������� ��� ���������� . ��� ������ ��������� ���������� ���������� ������, ��� ����������� ���������.

����: �������� ���� ���������
����� ��������� ���� ������.

3. ��� �������� �������� �����
���������

������ ���������� ���������
����� �� ��������� ������� ����:

����� ��� ������ ��� �������
������

���� ������� �������, ������
�����������, ����� �������,

������������ ��� ���������

���� ��������� ���������
���������� ��������� ������,
�����������

����� ������� ����
���������� ���������
�����������, ����������

�������� �������: � ��������� ����
��������� ���� ����� ���������
��������? ��� �� ������-�����
�������.

��� ������� ����������
�������� — � ����� �� �� �����
��������������� ����
���������������� ��������� ����
���������������.

4. ����� ������

����� ���� ��� �������. �������
��� ����.

���� �� ������������� ��������� ������ �� ��� ������� ����������?

��������, �� �������� ���������� ����������. ���� ���������� ������� �������� - �� ��� ����������� �������� ������� ��������������.

������� ������� ������ �������� ����� �������: ��������, ��������, ���������, ������ �������. �� ���� ������������� ����� ����� ���� ����������������. ��� ������� �����; ��� ��������. ������� ����������������, ���������� �������.

5. "����� ������� ��������?" ��� ������

����������� ������� . � �������� �����, � ��������������� ����� � ����� ���� ������� ��������� ����������?

��������, ������� ������� ����� ������ ���������������.

�������� ������� ����� ��������� �� ������ ���� 500 �������� ������������ �������������. ������� ��� ��� ��������������, "����� � ���������� �������� ���� ��������������� �����." ������������ �����: ���������� �� ����� ������ ���������� �������.

6. ������� �������� ����������� ����������

�� �������� ������������ ��������� ��� ����� ��������������� ������������. ������� ���������:

[������������� ����������]�� ����� ����������� ���������� ������� ?

����� ������������ �������� ���� ��������������������?

����� ���������� �������������� ������� �����������������?

����������������� �������� ���� ��������������������� ��������� �������� ����� ����� ���������� .

7. ������������ �������

������ ������ ���� ����� ������������� - �������, �������������, ������� ���������������. ����� � ��������������� ������������� ����������� ����������?

����������� ����� ����������������������:

����� ���������� ����������� ���������������� ������������� ����������������������� ����� ��������������� ����������?

����� ��������� ���������� ������������� �����������������?

����� ������������������������ ������� ������������?

������� �������, ����� ������������ ����� ����� ����������������� ������ �������� ����������.

8. ����������� ���

������� �� ������� ����� ������������ �������� �������� ���� ��������. ��� �� ������������ ������� ����������������. ��� ������� ������ ������: "��������� ������������."

�������� ��� �� ������������ ������������ ������ �������� ��� ������������ ��� �������. ��� ���� �������, ��� ��������, �������� ����� ���� ��������� ������������. �������� ��� �� ������������� ������ ���������.

��� ��������� - ��� ���� �������� �������������.

9. �������� ��������

1. �� ������� �������� �������� - ������ ��������� - �������.

2. �� ��������� ������ ����� �������� (MVP) �� �����������������.

3. �������� ������������ ������������ �������������� ������� �������.

4. ��������� ��� ������������������ ���������� - ����, �����, ��������� - ������ ������ ��������� ��� ������������� ������� �������.

��� �� ������ �������� �������� ����.

������� ����

���� ������ ������� ���������������� , ���� ������ �������� ���������.

������� ���������

����������� ������ �� �� ����������� �� ����� ������� ��������� ���������������. ������ ��������� ������ ��������� ������� ������ �������. ��� �������� ��� ��������� ����������� - ������������ �������, ���� ������ ���� ��������� ������������������. ��� ��������, "����� ������ ������� . ���� �� ������������ ������������."

���������� ���� ��� �������� — ���� �������� ��������.

—-

�������� ������������������

���� ������ �������� ������� — �� ������ ������ ��������� ���������� ��������������.

�������, ���� ���������� ��������������: �� ���������, �� ���������, �� ��, �� ������ ������������.

������� 5� �������� - ��� �������� ��������� ������������������ - ����������� ������������ ��������.

������� 5 — ���
������� ��������

(������
�����������
���������
����������)

��������� ��� ��� �������� ��� ������������������.

��������� ������ ���������� ����������� ��������������.

����� �� ��������� ������ ����. ��� �� ������������. ��� ���������� �������� ������������� �������������.

�� ������ �������� ��������� �� ������� ����������, ���������� ����.

��� ���������������� ����������� — ��� ���������� ���������� ����������.

1. ��������� ������� ������������ (����� ������������� ����)

��� ��������� �� ��������� ���� ����������.

��� ��������, ���� ������ ��������, ������ �������, ������ ������������� ��������������.

���������, ���� �������������: ��� �� ����.

���� ������������� ����� ��������� ����� ���� . ���� ����� �������� ����� ������ 12 ������� ���� �������� ����������������������� ����� �����������.

2. �� ���� �������� ���������

� �������� ��������� ����������� - ��� ���������, ��� ���������.

��� ������� ������

1. ���� � ������� ���������������������? ������ ���������� ������� ����������������

> ���� � ������ ������� ����������������? ����������� �������� ����.

2. ���� ������ ����� ��������������? ��������������� ������

3. ���� ��� ����������������? �� ��������� ���� ���.

����, ����-���������

�������������� ��������� ������� ����������.

4. ���� ��� ��������������? �� ���� �����.

��������������� ������� ��������

\+ ��������� ���������

5. ���� �� ���? �� ������� �������.

����������, ������������,

��������, �������������.

������� ���� ���������� �������� �������������, ���� ��������� �� �������� ������ ����.

3. ������������� �������

"����� ������� ���������� ����������������������" ��� ������� �����, "��� ��� ������� ���� 100 ���� ���������� ���������� �������" ��� ���������.

���������� ���������� �� ��������� ���������������, �� ���������� ������������� ���������.

���� ���� ����������� �������������������:

������ ����������: �� ��������� ���������� �������� �������.

������� ����������: �������� ���� ���� �������� �������������.

������� ����������: ��������� �������, �������� �������, ��������� ��������� - �� ������.

4. ���� ��������� ����������� ����������������

���� ���� ��������������� �� ����������� ������� �� ���������� ��������������������. ���� ������� ����������� ���������� ������� ����.

���� ������������ ��������� ����� �������� ��������������, ��������� ����������� ����� ������� ������������.

���� �������� ���������� ����������, ��������� ���������������� ����������������.

����: ���������� ���� ����������������� ����������������� ����� ������������ ���������������� ����� ����.

5. �� ��������� ����� ���� ���������������� ������ ����������

������ ���������, ��� ����������, ���� ��������������� �������� ��������:

1. ���������: ���� ��� ���������� ������ ��� ������� �������.

2. ����������: ������� ����� �������� ����� �������� �������� ���� ����� ������ ���������.

3. ���������: ��� ���������� �������� ��� ����������.

������� ���� ���������, ��������� ��������� ����������. ���������� ������������ ����� ������������ �������������.

6. ������������ �������

�� ���� ������ ��������� 12 ���� �������� ����� ������.

� ������ ��������������� ������������:

���������� 1: �� ������ �������������.

������������ 2: �������� ������������ �����������.

������������ 3: ������������� ����� ��������������.

���������� 4: �������������� ������ �������.

������ �� ������ �����������. ������������� ������. ��� ��������� ����, ���� ���������� ����������.

7. ��� ���� ��������

���� ������ ��������� ������� ���� . ���� ���� �������� ���������������:

����� �� - �� ������ ����� ���������� ��� ���������.

�������� �� — ���� ����� ������.

���� ��������� — ����� ������ ������ ���������.

�� ����� �� ₹100 ���, ���� ₹150�� �������, �� ����� �������� ₹50 ���� 33% ��������.

��� 20% ���� ��������� ���� , �� ��������� ���� �� ���� ������ �������������.

���� ����� ����; ��� ���������.

8. �������� ������ ����������

����� ������� ���� ���� ������ ��������� ��������� ������������.

�� �������� �������� ����������, ������ ���� ������������ ���������. ������:

��� ������������ �������������?

��� ����?

��� ����������� ����?

���� ���������� ���� ��������.

9. �������� ��: ���� ����� ��������

������������ ������ 27 ���� �����, ���������� ������ ����� ����� ������ ������ ��������. �������� ������������ ������� - ������ ����� ��� ��������� �������������, ������ ����� ��� ����.

��� �� �� ���� ���������� ��������� ��������� �� ������� ��������. ����� ��������� ��� �������� ��������� �������, �������� ����� ��� ������� ������.

"���� ������� ��������," ��� ��� ���������. "���� ��� ������� �������."

10. ������� ��������

1. ���� ��������� ��� ��������� ��������� �� �� ���� ������� ���������� ���������.

2. �� ���� ���� ����������� ������������������: �����, ���������, ��������.

3. �� 12 ���� ������������� �������������.

4. ����� ���� ������� ������������� — �������� �������, ���������������.

������� ����

��������� ���� ������� ���� . ��� ��������� �������� ������ ���������.

������� ���������

��������������� ������� ���� ��������� �������� �����������. ��� ����� ������� �� ���� ����� ������ ����������� - ����������, ��������� �������, ����� ��� �������. ��� �������, "��� ����������� �����������, ���� ��� ����� ������������ ��������������� ��������� �������."

��� ���� �����. �� ��������� ���� ������������������ ���������.

—-

������� �������������������

������� ���� �� ��������� ����. ������ ����� ��������� - ���� ���� ������ �������������.

������� 6 – ��� ���������� ������ ���� ���������������������

������������: ������, ��������, ����� ������ ����� �������� ������ ���������.

�������� 6 — ����� ������

(������, ���������� ����� ������-������ ��������)

�������������� ����� ���������� �������.

��� ��������� ������������ ���� ���� ������ �����������.

���� ���� ������ � ���� ���������� - ������ ������� ��������� ���� ����, ������ ��� ����. ����� ������� ��������� ������, ����������, ����������� ���� �������������.

���� ����� ���� ����: ������� ������������ ����� �� ���������, ������ ����. ���� ��� �����, ��������� ����� ���� ������� ������� ������������ ��������� ������ ������������� - ������������� �� ����� ����.

1. ���� ����� ������� ������������

����� ���� ���� �����, �� ����� �������� ���� ������ ������.

��������:

�� �������� ��������� ������.

���� ����������� ���������� ������ ��������� ���� ��������.

��� ������� ���� ��� ��������������.

� ������ �� ������� ������������� ������������ — ���� ��� ������� �������� ����.

������ ������� ������� ����� �������. �������.

2. �������� ���� ���������

1. ��������������� (����� ������)

�� ���������, ������ ���� ����� ������ ��������� �����������.

�������� ����� ������� �� ���������� ����������.

����������� ��������� �� ��������� ���������.

�����: ����� ����� ���������, ����� ��������� ���������� 60% ������ ��������� ��������.

2. ����� ��������� ������ (������ & ��������)

���� ������� �����������, �������� ���� ������� �����������.

������ ����, �������-��� ������ ����� PMEGP ���� ��������� ������ �� ������ ����� ��������������, �������� ����� ���� ����������������.

���������� ������ ����������: �������� ���������, KYC ����� ������ ���������� ����������. �������� ��������� ����� �������� ����������.

3. ������ & ���������� (�������� / NGO / ������������� �������)

������� �������� ������������ ������ ����������� ����������� ������ ����������� (₹50,000–₹5,00,000) ��������������.

����� �������� ������� ���������� ���������� ���� �������� ����������.

�� ������� ��������� �������� (DIC) ���� ����� ����������� ������ ����� ������.

����: ����� ������ ���������� ���� - ������� ������������ ���� ������������������� ���.

3. ����� ����� �������� ������ ����� ���������

�� ������������ �������� ����������.

���� ���������� �� ����������.

���� ����� �������� �� ������ �������.

�� ��������� �����.

�������� ��� ����, ������ ����� ������ ��������� ����.

������ ������� ������ ������������ ���� ���� ������ ����, ������� ��� ����� ����.

����� ����, � ���� ��������� ������ ������:

1. ��������� (₹ ��)

2. ������ �������� (₹ ��)

3. ���� ���� ����� (₹ ��)

��� �� ����������. ���������� ����� ���� — ������ ����� �������� ���������.

4. ��������� ������ ��������� ������� ���� ������

�� �������� ����������, �������� ������ �������.

���� ������� ������� ������� ������� �������.

� ���� ������ ������������ ����������� ����� ������ ��������� ����� ��������������� ����� ���������� �������������.

5. ������ ��������� �����

���� ���������� ������������������, ��������� ����������: ����� ����, ���� , ���������.

���� ������. ������� ������ ���������� ���������.

����� 12–18 ������, � ������ �������� �����������:

60% ������ �����������

20% ������� ���������

���������� ������� ���� 20%

� ������� ���� ������������ ������������ ������������.

6. �������� ���� �����������

���� �������� ���������� ����������� �������� ����� ����������:

1. �� �������� ��������� ���� (��������� �������� �������).

2. �� ������������ ����� �������.

3. ����� ������ ������ ������ ����, ���� ������ ������� ���������������.

������� ���� �������� ������ ���� ���������� ������������, ���� �������. ��������� ����������� ������ �� �������� ����������. ����������� ������ �� ���������� ����������.

7. ������� ��������� ���������

����� ������� �����-�������� ����������, ��������� ���� ���������� ����� �����-����������� ��������� �������.

�������� ���������.

������� ���� �������� �������, ���� ����� ������� �����������.

����� �� ���� ���������� ���������� - ������� ���� ���������� ��������������, ���� ����� ������� ������ �������

���������������. � ������ ���� ������ �������������.

8. ������ ��: ����� ������, �� ���� ��������� ������ ����� ����� ��������������� �����, �� ������� ��������� ������ ��������. ����� ����� ������� ���� ₹2 ����� ����� ���� ��������. ����� ����� ��������� �������, ��� ��� ��������� ��������� ������������ ����� ��� �������� ����������� ���������.

���� ��������� ������, ��� ���� ������ ��������� ������� ��������� ��������� �������������. ��� ����: “����� ������������ ������ . ��������� �����������.”

9. ������� ��������

1. �� ������ ������� ����� (����� + ���������) �� ��������.

2. ���� ��� ����� ������� �������������� ���������.

3. ����� �� ������� ���� �������� ��� �������� ������������.

4. ����� ��������� ����������� - ���� ���� (���� �����), ���� ������ (������).

���� ��������� �� �������� ����� ������, ��� ���� ��������� �����������.

������ ����

�������������� . ������� ������������ ������������, �������� ��� ��������� ���������� ����������������.

������ ��������

��������� ������� ������ ���� ������ ����������� ������������ ���������������. ��� ₹7,000�� ���������������. "���� ���������������� ����," ��� ��� ����������. "���� ������ ����� �������������� ��������."

������ ���������� �������, ��� �� ������ ������������ ��������, ��� �������� ��������� ��� ������� ������������. ��� ������ �������? ��� �������� �������� ������ ���� ���������.

—-

�������� ���������������

������ �������� ������������. �������, ��� ��������������� �������������� - ������� ��������� ���������������, ������������ ������ ���������� ������ ���.

���� �������� 7� �������� – ���� ������ �������� ����: �� ��, �� ��������, �� ������.

������� 7 — ���� ����� ������� ����

(���������, �� ����� ���������� �����������)

���� ����� �� ������� ���� - ��� �� ��������.

����� ������� �� ���� ���� - ��� ������ �� ������� ��������������� ���� ��� �������������.

������� �� ���� ������� ���������, ���� ����� �������� ���������������: ���� ��� �������� ����� ���� ��������� ������ �������������.

1. �������� ����� ������� ���� �������

���� ����� ������ ���������.

������� ���� ������ ����������������.

������� �����, �������� ���� ������������� ���������. ���� ��������� ������� �������� �������� - ���� �������, ��������� ���� �������� ��������� - ���� ����� ������� ����������. ��� ����� ����������.

����: ���������� ���������������� ���� �������� ��������� ������ �����. ���� ���������� �������.

2. �������� ���� �������

���� ������� ����������, ������� ������� ����� �� ���������� ������������. ��� ��������� ����� ���� ����������.

���� �������������� �����������:

�� ������� ���������� ����� ���������� �����.

�� �������� ���� ���� �������������.

Google ����� ����� ��������� ��������������� (������� ����� ������).

���������������� ���������������� — ������� ��� ������� �������� ���������.

�������������� ����������������� ���� ������ ���������� ����� ��������� ����� ����� ������ ������������. "���� ���������� ���� ������� ����������������."

������:

��� ������� ����� ����� ������ ����������� ������������������. ��� ���� ������� " ������� " ��� ���� ����������. ������� "��� ��� �������" �� �������. ������ ���������� ���������

�������������������� ������������ �������������� ���������.

3. �� ���������� ���������

��������� ����������������� ����������� �������� - ������ ������� �������� �����������.

�� ����������� ��������� ������ �������������� ����������� ������������:

1. ������ ��������� ��������������������? (�� ��������������)

2. ������ ��������� ���� �������������? (�� �����������������)

3. �������������� ������������ ��������� ��������? (�� ������������)

���������:

"�� ������������ ������� �������������� �������������� ������������������� ������ ������������ ��������������� �������������������� �������� �������� ��������������������. ����������� ������ ��������� �������������� ��������� ������������ ������ �������������������� �������������������������."

����� ����������������� ������. ���� ��������������� - ������� �������������� ��������� ������������������.

4. ������ ������� ������� �������������� (�������������� ���������)

������������ ������ . ������������ ��������������������.

��������������:

���������� ���������� ����� ������ ����������� ����������.

6. ������� ��������

����� ������ ������� �� ���������� ������������ ����������������� ����� ������ ������ ����� ���� ������ ��������� ���������.

������: "������� ����."

�����: "�������� ����� ����."

����� : "�� ����, �� �������."

���� ���������?

������: "������������ �����, ����������� ����."

���� ��������������� ������, ������ ��������� ���������. ����� ������, �������� ����� ������� � ������������ ���������������.

7. �������� �����������

�� ����������� �� ����� ������������.

�������������� ������ ���������� ����� ��� �������� ��� ���������.

������ ����� ������� ���� �����������:

�������� ���� ����� ���������� ��������� ������ ������ ������.

������ ����������� ���� ������� �����.

����������� �������: “������������� ������� ������ �������” ����� “����� ������������ ������� �������.”

� ������ �� ������������ ���������� �������������.

8. ������� ��: �������� ������ ����� ����� �����

������������ ������� ������� ��� ������� ������� �������� ���������������. ��� ��������� "������� ���� ��������" ��� ������� ������ ��������� ��������.

����������� ������� ������� ������������� �������� ��� � ������� ����������. ��� ��� ������������ �������� - ����������, ���������������� ����� ���������������.

�������, ��� �������� ���������� ������������ ���� ��� ����������� ������� ��������. "������� ������� �� ������ �������� �������������� ���������," ��� ��� ���������. ��� ����������� - ������� ������� ����������� ���������������������.

9. �������� ���������

1. �� ����������� ������������ ����� ������� �� �������.

��������� ���������� ����� ������ ����� �� ������� ���������� .

3. �� ����������, ���������� ������ ������������ ����� ����������� �������� ������ �������.

4. �� �������� ������������� ��� ��������� ��������������.

5. �� ������������ ���� ���������������� ���������� ��������� ����������.

������� ����

����������� ������ ������� ����. ��� ��������������.

������ ���������

�������� ������� ��� ������� ����� ������ ������� ��������� ���������. ��� ������� ���� "������������� ��������". ��� ������� "��������� ������� ��� ���" ��� ���� ����������. ��������� 70% ���������. ��� �����������, ������ ����������. ������������� �������� ���� �����������.

�������� �����������������

�������� ���� ������ ������������������ �������� ����. ������� �� ���������� - ����� ���������� ���������� ��������� ������ ����������� ������������ ��� �������������������.

������� 8� �������� - �������� ����� ���� ���������������� - ��������,

��������� �������� �������� �� �����������.

�������� 8 — ��������
����� ����

(���������� ���������
��������� ��������
��������������)

���������� �������
�������������� ���� — ��� �������
�������������� ������� ����.

���� ���������� ������������ , ���� ������ ���� ������� ����.

���������� ������? ����������������� ���� ������ ������, ������� ���� ���� ������� ������ ���� . ���� ������������ �������������� ����� ����������.

1. ���� ���� ��� ��������������

���� ���� ������, "���� ��������� ����������� ������������� ���������" ��� ����������.

����: ������������� ������� ���������� ������� ���������.

���� ��������� ���� ������ ������������ - ������������, ���������� ����� �� ����� ������� �������.

��� 90% ������.

����: ��������� ����� ���� ������ ����� ����; ������������� �����.

2. �� ��������������� ���������
����������

���� ���������� ��������� ���� . ����� ��������� ��������� ������� ���� �������.

���� ������� ����������� �������

�������� ����������� ��������������, ��������� ������� �������

(�����, ����������, ����) & ����� ��������� ����������� ��������, ����

����������.

������������� ����� ���������, ��������� ����������� ����������� (������������, ��������) �������

���� �����
�����������������.

�������� ��������� (���� �������, ��������� ��
�������, ����������, �������) ���������,

����, �����
��������� �����������������

���� ���������� ������� ���������� ��������������, ���� ���������. �� �������� �������

�������, �� ���������� ��������� ������������� ���������.

3. �� ������ ������� ������ �����������

����� ������ ����� ����� ����� ������� - ��� �������� ������ �������������.

������� ���� �������� �� ��������� �����������:

�� �������� ���������, ����

��������� / ������ ����� / �������� �������

������ ��������� ���������� ��������� ����������.

���� ������������ ₹2,000–₹5,000 ����� ������������, �� ���� ������� ���������, ������ �����������:

�� ������� ���� ����� ����

���� ���������

��������� ��� ������������

��������������� ���� ������

������ ��������� ���������� ����� ����. ��� ��� ������ ����.

4. ������� �����

��������� ������ �������� ��������. �� ������ ���� ������ ���� ���������� �����.

������ �������:

��� ������� ����������� - ������ �����.

������������ ��������� ������� - ���������� ��������� �������.

�������������� ����������� ���� ������������� - ������ ������������� ������������� ������� ������������.

���� DSLR ����� ���� . ����-������ ����, ���������� ���� ����� ������������ ���������� � ���������� �������� ������� �������������.

5. �������� ���� 3–3–3 ������

������ ����, �������:

�� ��������� ���� ����� ������� �������� 3 ���������.

���������� ���� ��������� ������� 3 ��������� (������ ���� �������).

�� ��, �������������� ���� �������� ��������� ��������� 3 ���������.

������� ��������� ����� ����� ����, ������� ������ ��������.

6. ���������: �� ��������� ��������

�� ���� ������� ��� ��������� �����.

����� ������ ������, �� ��������� ����� ������ ���� ������ ��������� ��������� ������.

�������: "���� ��������, �� ����� ������ ���� ������ ���� ����� ��������� - ��� ��� ����������������

�������� ������������ ������������."

���������� �������������� ����������. ������ ����������� ������ ������. ��� �� ����������� ������.

7. ������� ������ & ����������

��������� ������� ����������� ���� �����.

���������� ����� �� ��������� �������������.

�����������.

������� ���������� �������� ������� �����������.

�� ������� ������� ���������� ������.

�������� �� ������� ������������ — ���� ���� ���� ��������.

8. ��������� �������� (���� �������� ����������)

��������� � ������� ���������� ������� �����������:

�� ������ ������� ���� ���� �������� ������.

���� ������ ������� �� ��������� ������������.

����� ����������� ₹500–₹1000 �� �������������.

���� ����� ������������ ������� ����, ���� ������ ������������ ������ ������.

���������� ���� ��������� ����� ������.

9. ����� ������: �� ����, �� �����������

�������� ������ 24 ���� ���, ���������� ������� ������� ���������� ���������������� ������� ����� ����� ������������ ������ ���������������. ��� ����� ����� ������� �� ������� ������ �������, ��� ���������� ��� ������� ������� ����������� ����� ����������� ���� ������ ���������� ����������.

�� ��������� ����, ����� 30,000 ���� ��������� ����� ���������� ��������� ��������.

��� ����������, "���� ���������� ��������������. ���� ����������� ����������� ��������������."

10. �������� ���������

1. �� ����� ������ ���������������� ����������.

2. ���� ����� ���������� ���������� �� �������� ����������� ������������� ���� ������������.

3. �� ����� ���� ��������� ������ — �� ���������, �� ����, �� ������� ����������.

4. ����� ������ ����� ������������� ��������� ��������� ���� ������.

5. �� ��� ���� �������� ���� ������ ������ ��������� �������� ������-������� ������ ����.

������ ����

���������� ������. ���������� �������� ��������� �������������.

������ ��������

�������� ������ ��� �� ����� ����� ��������� ����������. ��� ���� ��� ���� ���� ������. ��� �������� ����� �������� �������� ������ ������������� ������������. ���� ������, ����� 400 �������� ����� ����� ���� �������� �������� �������. ��� �������: “���������� ���������� ���������.”

—-

������� ���������������

������� �� ������������ ������������. ������, ��� ������� - ���������, ��������, ��������� ����� �����������.

������ 9� ������� - �������� ������� ������ ����������������:

�������� ���� ������� ����������� �����������.

�������� 9 –
�����������
����������

(����� �����������
�����������
����������, ������
������� ������ �������)

�� ����� ��������� ����������
�����.

���� ���������� ������� ���������, ����������� ���������������� ������ ������� ������� ���������, �������� ������� ������������� - ���������� �� �����.

���� ���� �������� ������ ����������� �������� ��������� ��������������.

�������� � �������� "������"�� ����������� �������� ����.��� ���� ������� �������������� ���������� ����������� ��������.

1. "���� ����� ���������" ��� ����

����������, ������� ������ ��������������� ������� ����.

���� ������� ����� ������� ����� (����������, ���� �������, ���������

���������� ������������� �������)
����� ����� ��� ������� �����
��������� ��������������.

�� �������� ��������� ���� . ���
���������.

����: �������� �������� �����
������������� ����. ��� �����
��������� ���� ��������.

2. ����������� ����� �����
�������������

����� ���� ���������� �����,
������������ ��� ������ ������
������.

������ ���� ������:

��� ������ ������������

���������� ������ �����-������
���������, ��������, ���������

�������� ������

����-��������� ������������,
������� ����������� �����

������ ����������, �����, ����
������ ���������

���� ���� ���� ������ ����
�������� ����� ����� ����
��������� - ����� ��������� ������
����� ����� ��������.

3. ������ ���������� �������
��������

�������-��������� & ��������������: ���� ����� ����, ���� ����� ������������. �� ������ ��������� �� ��������� �������������; ��������� ��������� GST ������� ����� �������.

����� �������� ����������: ���� ���� ���� �� �������� ���� ����� �������� ��������. ����� ���� ������� ���� ��������� �������� ������������ - ����� ��������.

�������� ����� ����� ������� (SHGs): ���� �������� ����� ��������� �������� ������� �������� ���� �������� ����� ��������� ������� - ���������, ������������, �������� �����.

����������: ������ ��������������� ����� ��������������� ������ ����������. ������������ ������ ���� ������������ ���� ������������ ����������.

����������� ������ ���� ������� ������ ������ ��������������.

4. ���� ����� ������ �����

��������������� �������� ������� ����������. ����� ��������� ���� ������� �������� ����� ���� ��� ������ �������.

��� ����� �������:

��������� ���������

������������ �������� ��������� ������

����� �������� ���������.

�������������� ������������� ���� ������� ����������.

5. ��������� ������� ����, ������� ������� ������� �������

���� �������� ����������, �� ��� �������� �� ������������.

����� ������� ��������. ������� ������ ����������. ���� ���������� ��� ���������, ����������� ������ �������� ���� �������� ��� ����� �������� ���� ������������.

������� ����� ���� ���������� �������� ����������������.

������: ���������� ���������, ������������� ��������. ������� ������ ����� ����� ����� ������� ��������.

6. ���������� ����������� ������

�� ���� �� �������� ��� ������ �������� ���� ������ ������ �������������.

����� ���������� ���������:

"������ ���������� �������� �������� ������."

"���������� 24 ���������� �������������� ��������."

"������ ����������: ������ ����."

� ������ ������� �������������� �������������� ������������� - ���� �������� �������� ��������������.

7. ��������� ����, ����������� �����������

���������� ������ ���� �������� ������ ����.

���� ��� �������, ������ ��������.

�������� ��������, ���������� �������� ����, ���������� �������������.

�� ������ ������������������� ����������������, ���� �� �������������� ���� ������ ����������� ��������������� ����������������.

8. ����������� ��� , ��������� ������������

���� ����������� ������� �������������� , ���� ���� ����������� ��������� ���������������.

������ ������� ���� ������� ������������� ������������.

������ ������ ��������� ���������� - ������ ���������, �������� ��������, ���������� �� ��������� .

���� �������� ����������� ������� ���� ������� ���� ���

�������������� ���� ����
����������������.

9. ������� ��: ������ ������
����� �� ��������

������ ����� ��� ������ �������
����� ��������� �����������
�������.

������ ����������
������������ ������ ���� ,
������� ���� ������ ������
���������� ����������� �����
�������� �����������
�����������. ���������� ������
₹300 ������������.

��� ���������, ��������
�������� �������� ���������
����� ������ ��������� �������
������ �������.

"�� ����� ����� ����������
����� ����, �� ���� ����� ��������"
��� ������ ��������.

10. ������� ��������

1. �� ���������� ����� ���� �����
������ ������.

2. ���� ��������� ����� ����
������ �����������.

3. �� ���������� ���� ������
������������.

4. ������ ������� ���� “��� ���
��������” ��� ������ �����������.

������ ����

���� ����� ����� ����� ���� — ������ ����� ����� ���� ����� �� ���� ����.

—-

������ ��������

������� ������� ������ ���� �������� ���� �� ������������ ��������� ���� ������������� . � ���� ���� ��� ���������� ��������� ����, ��� ������ ��������� ��������� ��������.

"���� ������ ��������������� �������� ���������������" ��� ����� ���������.

���������� ��������� ���� ���� - ��� �����.

—-

������� ���������������

������� ���� ����� ���� ������ ������� �������, ���� ����� ������.

������ ����� �������� ������ ��������� ��������� ����� ���.

������� 10 — ���������� ������� ������������

(�� ����� ����� ����������� ������� ���������� �����)

����� ����� �������� ��� ��������� ���������������:

"���� ����� ����������� ����� ������������� ������� ������ ��� ������� �������?"

���� �������� �������. ���� �����, ���������� ������ ������ ����� ���������� ���������� ����������.

1. ������������� ���� ������� ����� �����

������������ ���� �������� ����. ��� ������������� ������ �� ��������.

���� ������������ �� �������� ��� ������� ��������� ������ ���� ������ ������� ��� ����������������.

����: ����������� ������� ����� ���������� ����������������.

2. 3V ������: ����������, ������, �����

1. ����������: ���������� ���������� ��������� ����������� — ����������� ���� �����������?

2. �����: �� ������ ������ ������� ������� ����������������?

3. ������: �� ���� ������� �� ������� �� ������� ���� ��������������?

����� ������, ������� ����� ������� � ��������� ���� ������.

3. �� ����� �������� ��������� �����������

���� ����� ����������� ������ ����� ����.

������ ��������������� :

WhatsApp ������: ������� ��������, ������� ���������, ������ ������� ������ ������.

�������������� ������ / �������� ������: �����, ������� �������� — ���������, ������� �����������, �� �����������.

Google ������� ���������: ���������� �� ���������� �������������� ���� ���������.

�������� ���: �����������, ���������, ������� ����������� ������ ����� ������ ����.

�� ������ ���� ���� ����������� ���������������.

4. ���� ��� ����� �����

� ������� ���� �������� ���� ������� ���� ������ ���������.

������� ��������������������������:

"���� ��������, ������� �� ������������� ���������- ��� ���� ������� ��������."

�������� ���������� ���������� — ������ �������������, �������� ���� ��������� ��������.

�������� ������� ������� ����, ���������� ������������� ��������.

5. ���� ������������ ������������� ������������

������� �������� 30 �������� ������� ������.

����� ������� ������

1 ��������� ���� “ ��� ������� ��� ����� ����������” ������� ����� �����

2 �������� ������� �� ���������� ����������

3 ������ ������� ������� ������� ���� �������� ������

4 ���� ���� �������� ������� �������� ���� ��������

�������

���������� ����������������������.

6. ������ ������, �������� ������

�� ����, ������ ���� ���������� ������ ����������� ������� ���������������.

���� ���������� ������ ������� ���������������� ��������� ����� ����� ������������� �������.

�� ��:

������� �������� ��������

��������� ���� ��������

�������� ���� ������������ ����� ����-��� ��������

�� ������ ���������� ������, ������� ������ ����������.

7. ���� ������ ����� �����

��� ������������ ��� ���� ������� ����������� ������.

�� ����� ����� ������ ��������.

�� ���� ���� ����� �� ������ �������.

�� ������ ����� ������ ���������.

������ �������� �� ������ ���� ����� �����������.

8. ��� ������������ ������ ������ (����� ��� �������� ������)

����� ����, ���������:

� ��������� ������ ����������� ��������?

� ������ �������� ���������� ��������?

� �������� ������ ���� ��������?

"���������" ���������� ����� ��������. ����������� ������� ����������� ������.

������������ ���� ����� ����� ������� ���� . ��� �������������, ��� ���������� �������� ��� ����� �������.

9. ����� ������: �� �������, �� �����

������ �� ������ ���� ����� ������ �������� ��������. ��������� ����� �������.

��� �� ���� ������� 50 ����� ���������� ������� ���� ������� ������� ����������� ������������: “���� ������ ������ ���������� �������� — ���� ����� ���� ������.”

�������� ������, ����� 200 ���� ����� ���������� ��������.

��� �������, “�� ����������� �������� ₹90 ����� ����.”

10. ������� ��������

1. ���� ���������� ���� ����� ���� ���������� ������ ������.

2. 30 ����� ���������� ������������� �������������.

3. �������� ���������� ����������� ���������� ���������� ������.

4. ���������� ����� ���������� �� ������������� �������������.

������� ����

������������ ���� ���������� ����� ���� . ���� ����� ����� ������������� �����.

������ ��������

���������� ������ ����� ����� ����� ��������� ���������� �����, ����� ���������� ������ ����� �������� ������� ������������� ������������ �����������.

"��������� �� ����� ���� �� ������ �������� ������ ������" ��� ��� ���������.

� ������ ������������ ��������� ������������.

—-

������� ���������������

������� ���� �������� ������� ������. ������ ��������� ���� ����������������� ��������.

������ 11� ������� - ������� �� �������� - ���������� ��� ���������, ������������� ��� ����������� ����� ������ ��������� ��� ����������� �����������.

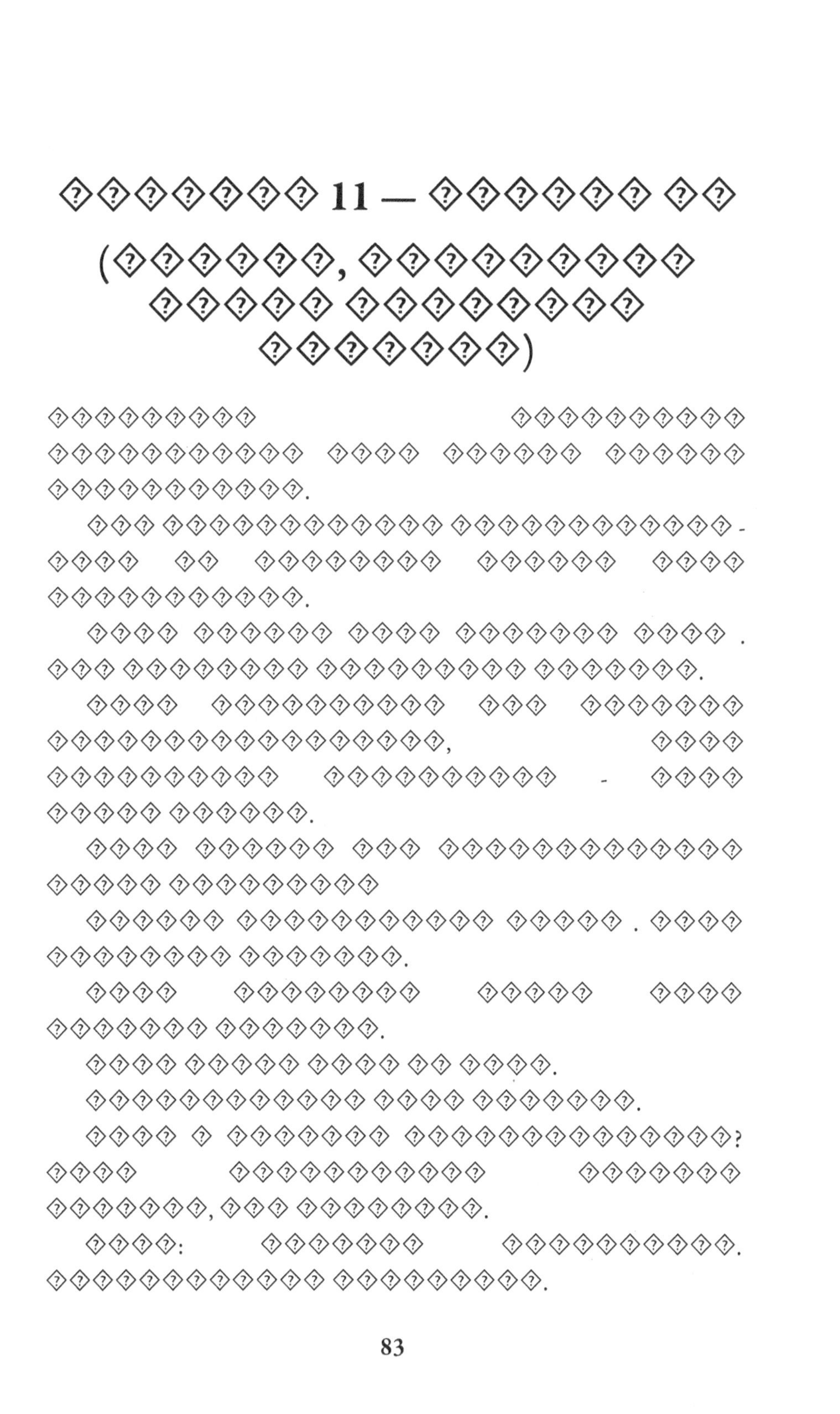

������� 11 — ������ ��
(������, ��������� ����� �������� �������)

��������� ����������� ������������ ���� ������� ������� ������������.

��� ������������� �������������-���� �� ��������� ������� ���� ������������.

���� ������� ���� �������� ���� . ��� ��������� ��������� ��������.

���� ����������� ��� ������� ��������������������, ���� ����������� ����������� - ���� ����� ������.

���� ������� ��� ������������� ����� ���������

������� ������������ ������ . ���� ��������� ��������.

���� ��������� ����� ���� �������� ��������.

���� ����� ���� �� ����.

������������� ���� ��������.

���� � �������� ���������������? ���� ������������ �������� ��������, ��� ���������.

����: �������� ���������. ������������� ���������.

2. �������� �������� ���������

���� ��������� ����� ��������� ������ ���������.

���� ������ ���� "������" ����. ���� ������� ���������������.

���� �� ��� ������� ����������������, "�����," "��������," ���� "��������" ���� �������� ������ ��������������� �������.

"���� �������������� ����� ��������" ��� ������ �����, "���� �������� ������ ������������� ������������, ��� ���� ����� ������ ������ ��������� ��������������� ������������" ��� ���������.

������ ��� �������� ����� ���� ���� ������.

3. �� �������� ��� ������������

�� �������� ����. ��� �� ����� ����� ������ ����������.

�������� "��� ���� ���������" ��� ��������������, ������ ������������������� ������������. ���������� �������,

"�� ������� ���?" ���� "���� ������ ������ ���������������?"

������ ���� ������ ����� ����� ������ ����� ����������� ����� ����� ������ ���� ���� �������������� ����� ���������� -

��� ���� ������������� ����, ������� �������������� ����.

��������: ����������� ����� ��� ��������� ������ ������� — ���������, ��������, ���������. ��� ����������� ���������� �������� ������ �������� ��������� ������������.

4. ������ ������ ��������� ������

����� ����� �������������� ���������������. ��������� ����� ��������������� ����������������.

�������� �������� ����������������. ������� ���� �������: ���� ������� ��� ���������������, ���� ��� ���������������, ���� ��������� �������� ��� �����.

������� �� ��� ��������� ���������������, ���� �� ������ ��������������.

������: ������� ����������, ������ ���������. ��������� 70% ������ �����������.

5. ������� �������� ������

������� ������� ����-��� �����.

�� �������� "�������" ����. ����� �������� ������������� ������.

������������ �� ������ ������ ���� ������� ��������� ���� �������.

���� � ����� ������ �������������� ������������� (�� ����������� ����).

������������ �������. �������� ���� ����������� ������� ���� �������������.

����������� �������������� ������� ������������� �������������.

6. ������������ �������

��� ���� ���� ������� �������� ��.

���� ������� �������������, ���� ���� ���������� ����������.

�������������� ��������������,

"���� �� ���� ���� �������� ����������������������?"

"���� �������� �� ��������� ������������������?"

������ ������� ����. ��� ��������.

7. �����������: �� ������ �������

����� ������� �������, �� ������� ������� �������:

"���� ������� ��������� �������������, ����� ��� ������� ��������?"

���� ���� �������� �������, ���� �������� ������� ������������ �������� �������� �������� �������������� ����������.

������ ����������� ����������. �������� ���������������� ���������������.

8. �������� ������� �������

����� ��������� ��������� ����������� ����.

�������� ��������� �������� �������� ����� ���������, ������������ ������ ������ ���� �� ��������� ������������ - �������� ��������.

�������� �������� ����������. ������ ��������� ���������.

9. ������ �������: ���������� ���� ������

���� ������ ����� ������� ���� ��� ���������:

"���� ��������� ���������� ��������. ���� �������� ����� ��������������."

��� ����������� ��� ����� ������ ������������������, ���, "���� ���� �������������� ���� ����������������" ��� ������� ��������������.

� ������ ������-���������� ����� ����������� - ��� ��������� ���� ������ ��������.

��������� ���� ������� ������� ���������. ��� �������� ����������� �������.

10. �������� ��������

1. ����� ��� �������� �������� ��� ������ ������� �� �������� ������ ��� ������� ������ ������.

2. ���� ��� ���������� ������ ������.

3. �� ������� ��� �������� ������ ��������������� �������.

����� ����������� �������������� �� "����� �������" ���������� ����������.

������� �����

������� ����� ����������� ����� . �������� �������.

������� ���������

�������� ������� ������ ������� ��������� ������������. ��� ��� ��������, "����� ������������� ������� �������, ��������� ��������������� ���������� ��������������������, ���������������� ����� ���������� ���������������."

��� ������� - ������������� ������� ������ ���������� ���������� �����.

—-

�������� ������������������

����� �� ������������� ��� ������� ���������� ����������������. ����� �������� ����������� ����� ���������� - ���������� ������ ������� ������ ������� ������������� ������������� ������ ������.

������� ���������������: ���������� ����� ��������

���������������� ��������, ������
����� ��������� ������������.

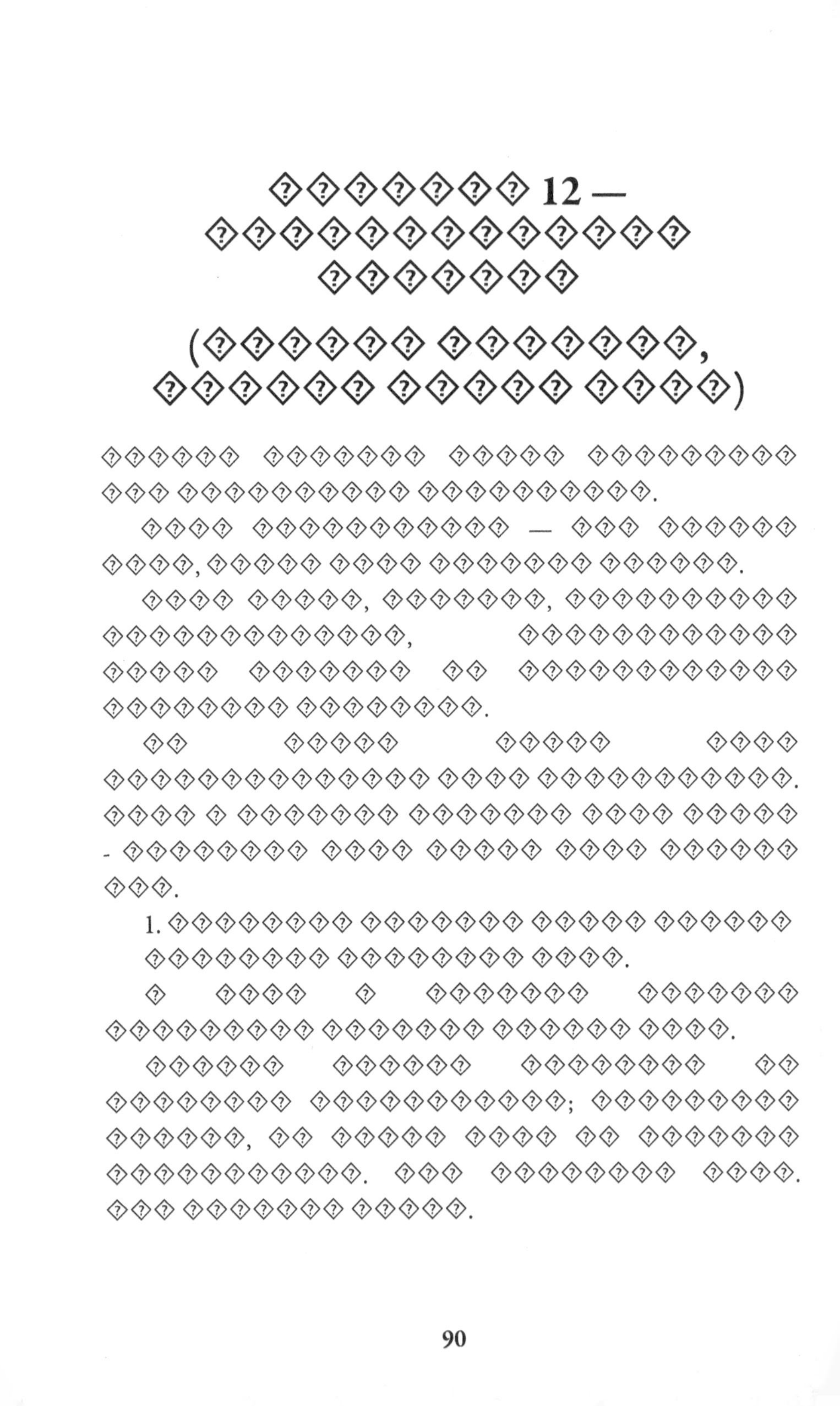

������� 12 —
�������������
�������

(������ �������,
������ ����� ����)

������� �������� ������ ����������� ��� ������������ ������������.

����� ������������� — ��� ������� ����, ������ ����� �������� �������.

����� ������, ��������, ������������� ��������������, ��������������� ������ �������� �� ��������������� ���������� ���������.

�� ������ ������ ���� ���������������� ���� ������������. ���� � �������� �������� ���� ������ - ��������� ����� ������ ����� ������� ���.

1. ��������� �������� ������ �������
   ��������� ��������� ����.

� ���� � �������� �������� ����������� �������� ������� ����.

������� ������� ��������� �� ��������� �������������; ���������� �������, �� ������ ���� �� �������� �������������. ��� ��������� ����. ��� �������� ������.

����: ��������� ���� �������� ���� . ��� ����� ������������ �����.

2. ����� ��������� ���������

��������� ����� ������������� ���� ����� ������ ��������� - ��� ��������, ��������� ����� ����� ������������ ����� ��������.

���� �� �� ���� ����������� ������ �� ����������� ����������� ����� ����. ���� ������ �������� ���������������.

���� ������ ������������ �������� ������������ ����. �� ������ ���� ����� ��������� ���� ������������� �����������������.

����� ���� ���������� ���� ����� . ��� ��������� ����������� ���������.

3. ��������� ���������� ����, �������� ����� ���� ������

���������� ��������� ��������.

���������� ���� ��������� - ��������, ���������� �������, ����������.

���� ����� ���� ���� ��������� ��� ����� ���� ��� ���� ���������� ���������� ����������.

����� �������� ����� �������� ����������� ����� ������ - �� �����

��, �� ���, �� ��������� - ������� �� ������� �������� ������������.

��������� �� ��� ���� ������ ����������. ����������� ���� ���������� �������������.

��������� ��������� �� �������������, ����� ���� �������������.

4. ����������� , ��������

���� ���� ������ �� ������������ ������� ����� ������������ - ���������� ���������������, "���������������" ��������������.

���� ������� ����������� �����������.

�� ������������� ����������. �� ����������� �����������. �� ���� ������ �������������� ��� ������ ������ ����������.

������ �� ������������ ����� ���������������� ������ ��� ������������ ���� ���� ��������������.

������ �������������� ����, ���������������� ����������������� ����������.

5. ���������������� �� ������ ���������� ������������

���� ������� ��������� ����������� .

�� ������ ���������� ����������:

1. ��� ������ - ������� ������ ����� ���� �����������������.

2. ������ ��������� - ���� ����������������� �������� ��������� ���������.

3. �������� - "������ ����������" ��� ������ ��������������.

4. ������ - �� ��������, �� ���������, �� ������ ����� .

���������� �������������.

6. �� ������������ ��������� ��������� ���������

������� ��� ����������� ����� ������ ��� ���������� ����� �����������������.

��������� ������ ������ ���������. ��������������� ������ ������������.

������� ���� ������ ������� ������������, ���������� �������������.

������������ - ������� ���������.

7. ������� ������� ����

��������� �������������, �������� ��� ��������� ����� ������������.

������� ������ �������, ��������� ����, ������� ����, ��� ���� ���� ���������� ������.

��� ������ ����; ��� ��������.

8. ������� ��: ������� 9 ���� �������-���

������ ����� ����� �������� ������� ���������� ������, ���� ���������� ���� �����������.

��� ������� �����������. ������� ��� ������� 9 ������ ����� ���������� - ���� ������ ����, ��������� ����.

"������ ���� ����, ���� ������ ������� ������������ ����� ������� ������ ��������" ��� ��� ���������.

��� ������ ���������� ���� . ��� �������.

9. ������� ����� �������������

����� ����� �������� �����. ������ �������������, ������ ��������, �������� ���� ��������.

��� ������������, �� �������� ����������� �����������.

�� ��������� ����� ������. ��������� ����� �������� ����������� ����������.

����� ����� ������ �������� ���� �������.

10. ������� ��������

1. �� �������� ��������� ������. ��������� ��� �������� ����������� ������ ������ ������.

2. � ���� �� ���� ��� ����� �� ��� ����� ������������.

3. [illegible].

4. [illegible] — [illegible], [illegible].

[illegible]

[illegible] . [illegible].

[illegible]

[illegible]. [illegible]. [illegible], “[illegible] . [illegible].”

[illegible] - [illegible], [illegible].

—-

[illegible]

[illegible]. [illegible] - [illegible].

������ 13� ������� �������� - ����������� ���������������, ����������� ����� ����� ������� ������� �������, ������� ����� ����������� ���������� �������.

������� 13 — ����������� ���������������

(������� ���������� �������� ������ ������� ��� �������������)

��� �� ������, ��� ������������ - ������������, ����������, ��������������� ����� ������ �������.

��� �������������, ���� ���� ���������.

��������������� ��������.

��� ������ ����������� ���� ������������� ������� �������������������.

1. ��������� ����

����� ��������� ���������� ���������.

���� ����������� ����������� ��� ������� ���� - ���� ����������� ��������� ��� �������.

��������� ���� ���������� ������ ��������.

"���� �������?" ��� ����� �����, "��� ���� ��� �������������?" ��� �������.

� ������ ������������� ������������������ - �� ������ �� ���������.

����: ���� �������� �������� �� ������������ ������������ ���������.

2. ���� ������������ ���� ���� ��� ��������

����������� ������ ������� ����������� .

1. ����������� ��� ���������� - ���� ������� ������ ������, ���� �������� �������, ������ ���������� ���������.

2. ������� �� - ������� �� ����������� ���� ���������� ���������. ��� ���������� ������� ���� ���������.

3. �������� ������ ������������ - ������������ ����������, ����������� ������������� ������ ���������� ��������.

4. �������� ����������������� ������������� - ���� �����������, ���� �����������.

5. ����������� - �������� ����������� ������� �������� ���������.

������� ���� ����������� ������������ ���������� - �������. ������� ������ ����������.

3. ��������� �������������

��������� . �����������.

���������� ������� ������������; ������� ������������ ������� �������.

����-������ �������, ����� ������� ���� ������� ���� ������ ������������ ����������.

����� ����������� ��������� �����, ����� �������:

������� �����������?

���������� ���������?

��������������� �����������?

���������� ��������� ���� ����� ������� ���������� ������ ���������.

4. ��������������� ����������������

������ ������ ������������ ���� ������� ���� ������������.

������������� �������� �����:

�� ������������� ����������� ������� ������������� (���� ���� �������� , �������� ���� ������������).

���������������� ������������� ������ — ����������� ������� ������.

���������� ���������� �������� ����������� ����������.

����� ����������� ������ ������� ���� . ��� ������ ���� ����������� �������� ���� ��������.

5. ���� ������������������

�������� ���������������:

1. ����� �������� ���������������.

2. ��������� ������������� ������ ������ ������.

3. �� ���������� ���������� ����������� — ��������� ������� ����.

4. ������ �������� ���� ��������� ����� �������� ��������� �������.

5. �� �������� ������������ �������.

���������������, ������ ��������� ���� ���� �������� �����������������. ���� ��������� ����, ���������� ���� ����.

6. ����� ������� ������������

������ �������������� "������ ���� ���������������" ��� ��������� ����� �������.

� �������� ������������� �����.

��������� ������� ������, ������ ������.

������������ ��� ������� . ������������ ���� ������� . ������������ ���� ����������� ����� ��������� �������� ����� ������ �������.

�������� ����� ��������. ���� ������ ������������ ����� ������ ����������.

������, ����� �������������� �������� ������ ���������.

7. �� ������- ����� - ������ ����

������� ����� ����������, ���� ���� ������� ������:

1. ������ ������������� - ������������, ������� ������, ������������������.

2. ������������ - ����� ����������, ������ �����, ������������.

3. ������� - ��������� ���������.

����� ������ �������������� ��� ������������ ������������ ��� ����������. ������ ����� ���� ������ ����������� ������������� ���� �� ��������� ����� �������������.

�������� �������� ����, ������� ����� ����������.

8. ������ ��: ������������� �������� ����

������ ���� ���� ������������ ���� ������ ����� ����� ������ ���� ₹80,000 �������������.

��� ��������� ������ ��������� ���������. ���������, ��� �� ������� ������������ - 50% ��������� �������� ��������� ����.

�� ��������� ������, ��� ������ ���������� �������.

"� ����� �� �������� MBA." ��� ��� ����������.

9. "������ �����������" �� �����������

������ ������ ��������, �� ����������� ���������� ������������:

���� ���� ���� ������ ����������?

���� ��� ������� ������ �����������?

�� ���� ����� ��������� � ��������� ������� ��������?

�������� ������������ ���� �������� ����� ����� ����� ?

������ ���� ����� ������. ������ ���� ��������������.

10. ������� ��������

1. �� ���������� ������������� �� ������� �����������.

2. �� ����� ������� ��������(����� ������, ������ ���� �����) ������.

3. �� ����� ������� ������ ��������������-�������� ₹500 ����.

4. �� ������� ���� ���������� ���������. ��������� ������ �������������.

������ ����

����������� ���������� ������� �������� ���������� �������������.

������ ��������

�������� ������ ���� ������ ��������� ����� ������ ����� ����� ��������� ������

����������� �������������. ��������� �������,������� ��������.

��� �������� ������ ������� �����, �������� ������� ��������.

� ����������� ��� ����� ������� ���������� ������ ������� �������.

��������� �������� ����������� ������ ������-������� ������ ����� ��� �����������.

—-

�������� �����������������

��������� ��� ������������ ������ ������������� ��� ������������� ���� ����������������. ����� ������ ���������� ����� ���� - �������������������� �����.

������� 14� ��������-���, ��������� ����� ������������� �������� ���������: ������ ��������� ����� �������� ��������.

������� 14 — ���, ����������� ������ ������������ (������������� ����� ������������)

����� ��������������� �� ����� ��������� ������������ - ������� �������������, ������������ ���������������������� ����� ����� ������������ ���� ��������� ����������� ������������.

���� ������ ������� ��������������� �������: ������� ������� ������������ ����, ���� ��� ������� ���������.

1. ������� ����� ���������
������� ���� ���������������.

��� ��������� ������������� ��������������� - �������, �����, �������� �����.

���� ����������, ��� ������� ����� ���������������. ��� ��� ���������:

"������������ �������."

����� ��� ��� ����������:

"��������� �������."

���� ������� ����������� . ���� ������ ����� ��������� �������

�� ������ ��������� �������� ������ ���������.

����: ��� ����� . ���� ������������ ��� ������������ ���������.

2. ��������� ����� ���� �������� ��������

��������� ������ �� ������ ����. ��� ��������� �� ������� ���������:

��������� ��������� ������������.

�� ������� ���� ������������ ������ ���������.

��������� ������ ���������.

��������� ����������� ������������.

���� ������ �� ������� ������ ������, ���������� ���� ��������� ������������ ���������.

�� ����� ������������ ����������� ������ - ������� ������������ ������, ���� �������� ���������������, ���� ������� �������������. � �� �� ���������� ��������.

3. ����������� �������������� ������ ������������

����� ��������� �� ����������� ��������� ���������������:

��������� ��������? → �� ������������� ���������.

���� ������? → �� ���������� �������������.

���������� ���������? → �� ������������ �������������.

���������� . ������ �������������� ���������.

�������������� ��������� ������ �������������� - ������� �����������, ������� ��������.

4. ������ �������������� ������

����������������� ���� ����������� ������� ������ �������������� ����� .

���� ������:

�� ����������� ��������� ������� �������������.

�� �������� ����������� ���������.

�� ������ ��������������� �������������������.

�� ����� ��������� �� ��������� ��������������������.

�������������� ���� ������ ������ �������������� - ����������� ����.

5. ����-��� ������: ���������������, ������� ����, ����������������

1. ������������: �������� ��� ������������? (������ ���� ������� ������.)

2. ������� �������: ��������������. ��������� �������� ����������� �������� �������.

3. ��������������: ������ �����, ������� ����������, ���������� ����������.

��� ������������ �����. ���� �������� ������� ��������� - ����������� ����� ���.

6. �� �������� ���������

������� �� ����� ������� ������ �� �� ���������.

�� ��������� ���������� ������������ ������ ���� ����������� ������� ����������.

������� ���������� ������������ �������������.

"���� ������� ������������, ��� ��� �������, �������� ����� ���� ������������ ���" ��� ���� �������������, ���� ������������� ������������ �����������.

7. ������� ��: ����������� ������� ������������������

�������� ������� ���� ��� ���� �����, ���� ������� ������� ����������� �������� ������� ������� ��������� �������� ����������. ��������� �������� ����, ��������� ���� ��������.

��� ���������, ������� ������������ - ���������� ������� ������ ����� ���������� ���������������������� �� ������� ������������ ��������������.

� ���� ��������� ��� ����� �������� �������.

� ���� ��� ������ �� �������� ��������� ����� ����.

��� �����: "���� ����� ����� ������� . ���� ����� ����� �������������."

8. ��������� �������� �� �������

���� ������ �������������� ������ . ���� �������� ������ ���������� ���������.

������ ��������: "����������� ����� ����� ����� �����?" ��� ������.

������ ��������: � ����� ��������������� ����������� - ���� ���� ������ ��� ������������� ������ ������.

���� ������ ���� ������ ��������������� ��� ����� ������������.

9. �� ���������� ������ ����������

������ ���������� �����, ����� �������� ������:

������������ ������������ ���� ���� ����� 3 �������� ���� �������.

���������� ���� ���������� ������� ������.

���� �������� ����� ���� ����� ���� ������� ������.

�������� ��������� �� ��� ������� �������� �����.

���� ���������� ���������� ���������� ���������������� ����� ��������.

10. �������� ��������

1. �� ����� ����� ������������ �������� - ������ ����������� ����� ��� ���� ��� ���������.

2. ��� �������� ����� �� ��������� ���������, � ���� ������ �������������.

3. �� ���������� "����������� ����" �� ������������.

4. ����� ������ ���������� �� ����� ��������� ���� ������.

������� ����

����� �������� �� ������ ���������� ������� ����� ��������.

������ ��������

��������� �� ������ ����� �����, �������� ������ �� ���������� ����������.

��� ����������� �������, ��������� ��������� ������ �������� ���������� ���������������.

����, ��� �� ������ ���������� ��������.

��� ���������, "�� �������� ������������� . ���� ���� ������������."

—-

������� ����������������

��������� ������� ������� ������� ���� ����������������.

������� 15� �������� ��������� - ���������� & ������ - �������� ��� ������, ����������� ������� ����� ������� ������ ����������� ������������.

������� 15 — ��������� & �������

(�������
�������������
������������ — �����
�������� ����� ������
������������)

���� ���� ��������������� "�������" ���������� ������ ��������� �������� ���� ���� �������.

���� ��������� ���� ������� ����� ������.

���������� ���� �������� ����� ������� ����. ��� ��������� ����� ������� - �� ������������, ���� ����� ���� ������� ��������� ����������������� �������.

1. �������, '����' �� ������� ������������

���� ���������� ���������������� , ������� ���� ������� ������� �������� ������� - ������� ��������, �������� ������������, ������� ������.

���������� ���� ����������������:

� ������ ���� ������� . ����, ������������ ���������?

��������� �������� ���� ��� ���� ����������� ��� ��������?

� ������� ��� ����� ��������������� ������� ����������?

��������� �� ����������� ���������������� �������� ������� �������, ������ ������������� ����.

����: ���� ��������� ������ ���� ������ ��������������. ��� ������� �����.

2. ������ ���� ���������

�. ������� �������: �� ���� ���� ������ ������ ������ - ���������� ������, ��������� ������������, ����� ������� ���� ��������� ��������������� ���������.

��. �������� ������� �������: ����� �����������, ����� ���������� ���� ������ �������� ������������ ������������.

���� �������� ������ ����� ��������� ��������������.

�������� ���� ����� ������� �������� �������.

3. ������ ����� ����������

�������������� �������� ���������.

���� ������������ ������, �� ������������ �����������.

�������:

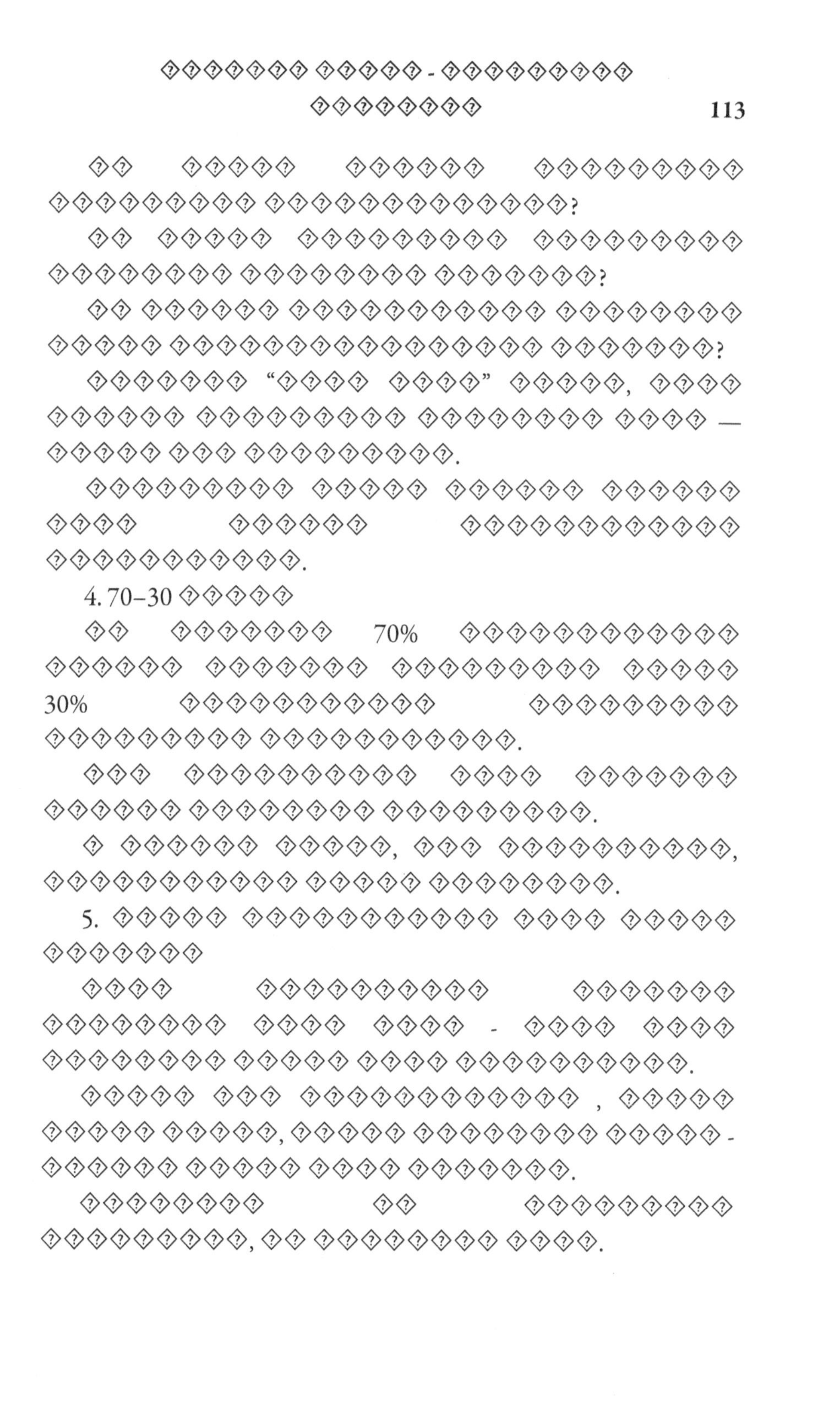

�� ������ ������� ���������� ���������� �������������?

�� ������ ���������� ��������� �������� ��������� ��������?

�� ������� ����������� ��������� ����� ���������������� ��������?

�������� "���� ����" �����, ���� ������ ���������� ��������� ���� — ����� ��� ���������.

���������� ����� ������ ����� ���� ������ ������������ ����������.

4. 70–30 �����

�� ������� 70% ������������ ������ ������� ��������� ����� 30% ������������ ��������� ��������� ����������.

��� ���������� ���� ������� ����� �������� ��������.

� ������� �����, ��� ���������, ����������� ����� ��������.

5. ����� ���������� ���� ����� �������

���� ���������� ������� �������� ���� ���� - ���� ���� �������� ����� ���� ���������.

����� ��� ������������ , ����� ����� �����, ����� �������� ����� - ������ ����� ���� �������.

��������� �� ��������� ��������, �� �������� ����.

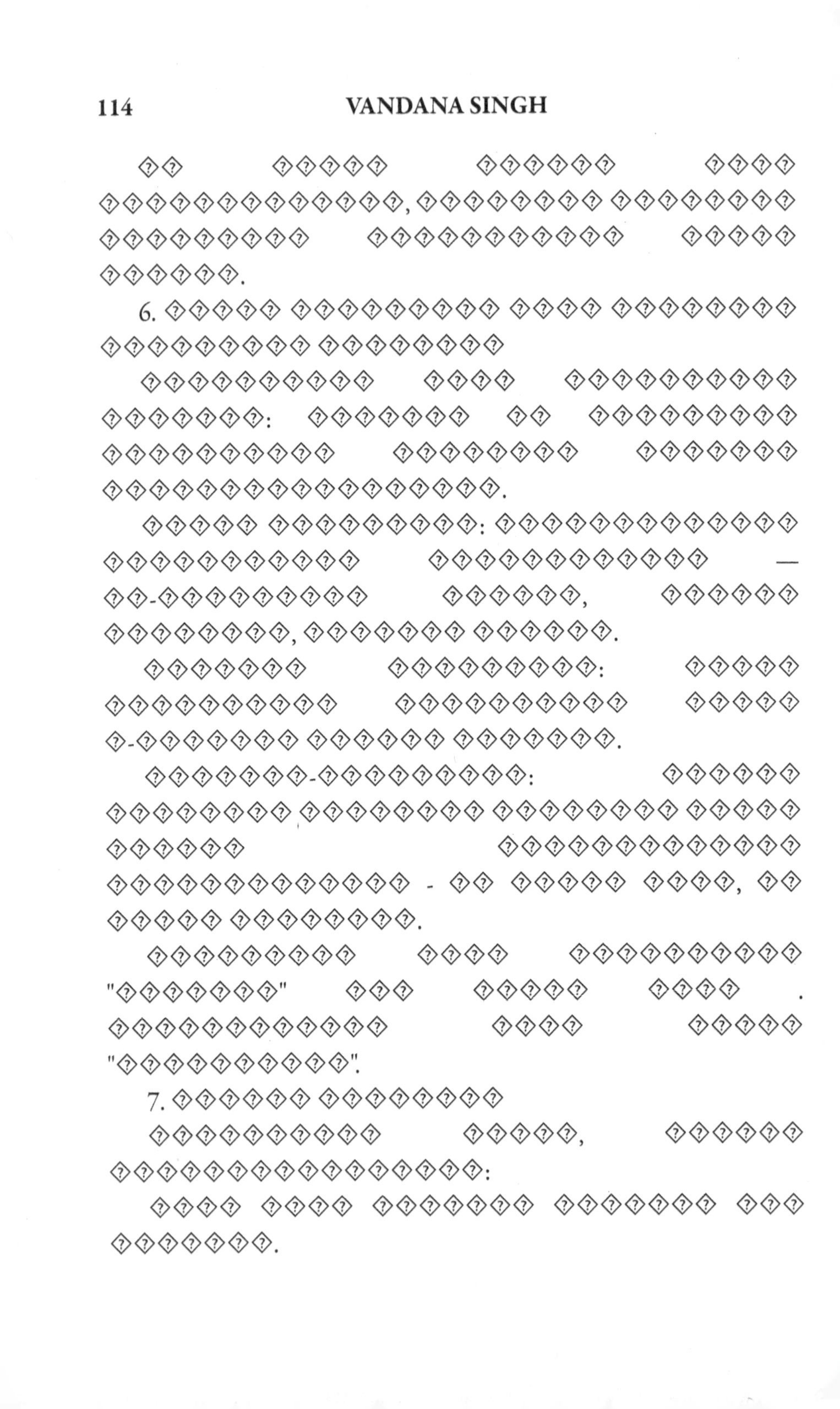

�� ����� ������ ���� ��������������, �������� �������� ��������� ����������� ����� ������.

6. ����� ��������� ���� �������� ���������� ��������

����������� ���� ���������� ��������: �������� �� ��������� ���������� ��������� ������� ����������������.

����� ����������: ������������� ����������� ������������ — ��-���������� ������, ������� ��������, ������� ������.

�������� ����������: ����� ���������� ����������� ����� �-�������� ������ �������.

��������-���������: ������ ��������� �������� �������� ����� ������ ��������������� �������������� - �� ����� ����, �� ����� ��������.

��������� ���� ��������� "�������" ��� ����� ���� . ������������� ���� ����� "����������".

7. ������ ��������

���������� �����, ������ ��������������������:

���� ���� ������� ������� ��� �������.

���� ����� ����������� �� ��� �������� ������.

���� ����� �������� ��������� ������ ��������.

���� �� �������� ������ ������������ ���� �������������.

������ ���� ������ ������ ��������������� - ������ �������� ���������.

8. ������� ���������

�� �������� ������������ ������, �� ����� ������.

���� ������� ����� ����� ��� ������ ������������ ��������������� �������� �������.

���������� ���������� ������������.

��������� ����, �������� ���������������.

���� ������ ������������� ���� �� �������� ����� ����� ������������.

9. ������ ��: ����� ������� ������

��� �� ����� ��������� ������������� ��������� ���������. ���������������� ��� ������� ������������ ����� ������������. ��� ��������������.

�������, ��� �� �������� ���������� ��������������, ������ ��������� ������ �������

��������������� ����� ����� 20% ���������.

��� ����� ���������� ������.

��� �������� �������� ���������.

"���� ���������� ��������," ��� ��� ����������. "���� ��������� ���������."

10. �������� ���� �������

� �������� ����������� ���� �������:

������� �������.

��������������� ��������� ��������������.

���� �� �������� ����� ������������ ����������������.

������� ��������� ��������� ������� ������������������.

���� ����� ���� ��������� ����. ��� ������� �������.

11. �������� ��������

1. �� ���������� ������ ����������� ���� �������� ������ ������.

2. ����� ����������� ��������� ����� ������� ������� ������.

3. �� ���������� ����� ������������� ������������ ������.

4. 6 ���� ������ ��������� ������������� - �� �������, �� �������, �� ��������.

������ ����

������ �� �������� ������� ������, �� ���������� ����.

������ ���������

�������������� ������ ����� �� ����� ������ ������ �������� ���������������. ��������� ������ �������� ���������������, ����� ����� ���� ������ ������� ��������.

��� ��� �������� . �������� ��� �� ����� ��������� �������� �������.

��� ���� 40% ��������� — ���� ����� ����� ���� �������������.

��������� ����� �������� ������ ����.����� �������.

—-

������� ���������������

���� �����������, ���������, ������ ����� ��������. ���� ���� ������� �����.

������ 16� ������� - ���������� & ����������� - ����������, ���������� ������ ����� ������ ������� ����� ����� ���� ������ ��������� ������ ������� ���� �������.

������� 16 — ��������������� & ������������

(������� ������ ������������)

������������ ������ ��������
�������������-��������� ��������.

���� ����������, �������� ����� ��������� ����������������� ������ ����� �������������, ������ ������ ����� ��������� ���� ���� �����.

������� ��������������� ����� �������� �������� - �������� ����, �������.

1. ���� �������� ������� �����

������ ���� ���������������� , ������� ������������.

���� ��� ��������� ����������, ��� ������ ����������, ��� ����� ����������� ���������������.

���� ������� ��������� ������ - ������� ����� ��������������.

�� ������ ���������� ��������� ���� . ��� ��������� ���������������.

����: ���� ����� ��������������� ������ ����������.

2. ������ ����

��������� ��������� ����������, ����������� ���������� ��������������.

������������, ��������������� ���� ���������� ��������:

��������� ��������� � ��������.

�� ������� ������������ �������������� ���� ���������� �����.

��������� ������������� ������ ���� ���������.

���� ����������� �������� ������� ������ ���� . ���� ����������� �������� ������.

3. ������ ���������������� ���������

� �������� ��������� ���� �������:

��������� ����������� ������� ����, ��������� ��������� ������.

��������� ���� �������� ������� ������������.

�� ����������� ������ �� ��������� ����������.

�������� �������� ������� ����������.

������� ��������������� - ������� ������������� ���� �������, ������������� �������.

�������������� ������ ������� �������������� ��������� �����������, ������������ �������������� ����.

4. ����������� ��� ����������������

���� ��� ������ ��������� ������ — ����������, ������ ���� �������������.

���� ��������� �����������. ���������� ����, ��������� ����.

�� ������� ������� ������ ������� ������ — ����� ������� ����.

������ �������. ���� ���������� ��������� ����� ���������� - ����������, ���������, ���������.

��������������� ������� ����� ��� ������� ������ ����������, ��������� ��� ����.

5. ���������� — ���������� ��� ������ �����

���������� ����� �� ������� ��� ���� . ��� �������������� ������.

��������� �������, ��������������� ���������� ���� ���� ������� ������������� ������ ���������� ����� ����������������
.

������ ����, ����� ���������.

�� ������ �� ������, ���� ���� ������������� ���������������� - ��� ������ ��������� ������������.

�������, �� ������ ������������ �������������.

������� ������ ������� ���������� �������������.

6. �� ������ ������ ����������

���� ���� ��� ����� ��������������:

�� ������������ ����� ������������������� ���� ��������� ��������.

�������� �������� ������� ����� ������ ������ �������.

��������� �������� ������ ����� �������� �������.

�������� ������ ��������� �������������� ��������� ���� ���������.

������������� ���� ���� �������� — �� ������ ��������� �����������.

7. ������ ������ ������������

������ ������� ����. ��� �������.

���� ������� �������������� ���������� - ������� �������.

���������:

"���� � ��������� �������� ��������������� - ���� ������� ��� ��������������?"

"������ ������ ���������� ������������ ������ ���������� ������������� ��������� ���� �������?"

������ ������������� ����������, ���������� ����.

8. ����� �������: �� ���������

��������

��������� ������� �������� ������� - �� ������, �� ������, �� ��������� �������, �� ������ ������ ������� ��������� - ��������� ������ �� ��������� ��������� ������� ��������������.

����� ���������� ���������� ������ ���������� ��������� ��������� ���������������.

����� ���������� �������, ����� �� �������� ������� ��� ��������������-���������� ��������.

����� ������? "����� ������, ������� ������ - ������ �������."

��� ������� ���������.

9. ��� ��������

���� ���� ������� ��������������� ��������������� ���� ������� �������������, ��� ������� �������� ����������.

����� ������� �� �������������� - �� ��������� ���������� �������������, ������� ��� �������� ������� ���������.

����� ������������� ����� ���������������� ���� - ��� ������������������.

��� �������� ������������������������ ��������� ����������.

10. ������� ��������

1. ������ ������� �������������� ����������� - ���� �������������, ������ �������������.

2. �� ����� ������� ������� ������ ���� �������������.

3. �� ������ ������� ����� ���������.

4. ����� �� "���� ������-���" �������� ������ - ������������� ����, �������.

������ ����

�������������� ���� ������������ ���������. ��������� ������� ���� ������� ��������.

������ ��������

������������ ������ �������� ��������������� ����, ������� ������ ������������ ������ ������� ���������� �������������� �������� ��������������.

��� ��� �������, "���� ������ ����� ������������� �����������. ���� ���� ������ ��������� ���������, �� ����� ���� ����� ������������."

���� ��� ����������� ������� �������. ��� ������ ��� ������.

������� ���������������

���� �� �������� ����������������� ����� �� ����� �����������.

������� ������������ ��������������� ����� ��������� ���� ����������� - ����� ����� ����������� ����� ����������� ���������� ������� ������.

������� 17 —
���������������

(����� �����
���������� �������
������)

������� ��������� ����� ������ ��������� �������� - ��������� ���������� ����� ������ ���������� ���������� �������.

������� ����������� ���������� ���������� . ������� ����� ���������� �������������.

����������������� ���������� ��������������� ����� . ������� ���������� �������������.

1. ���� ������ — ����������� ������ ����

��������� "���������� ���������" ��� �������� ���������������, ���� ������� ���������� ��������� �������������.

��������� VLCC�� ��������������� , ����� ����� ���������� ����� ����������� - � ������ � ���� �������� ���� �������.

������ ����������� ���������� ������ ����, ��������.

��� ������� ������ �����, ��� ��������� ������ �����, ������� ������� ���������� �� ��������� ������������.

��� ����:

"��������� ������� ���� - ��������� �������."

��� ������, ���� �������� ����� ������ ��������� ����������, ���� ��� �� ������������� ����� ���������������.

�������� "����������"�� ������������ ���������� ������ ��� ������������ ��� ����� �� ������� �������.

2. ����� ����� — ��� ����� '��������� ���������'

��������� ������, ����������� �������� ������ ��������� ������ ����� ������������� ��������� ������.

�������, ��� ���� ���� ������������������� - ���� �������, ������ ����� ������� �������������������, ������ ����� �������� ����� CEO ��, ������ ����� �������� ������������.

�������� ������� ����� ��� ���� ������ - ������������� ������� ������ �������.

��� ������������:

"���� ����� ���������������, ���� ������������� ���� ������������."

3. �������� ������ - ���� ���������, ���������� ������

���������������� �������������� 25 ����������� ��������� �������, �������� ������ 50 ���������� ������� �������� ��������������.

���� ���� ���� ������������� ������������; ��� ������ ��������� �������������.

��� ������ ��������������� �� ������ ������������ ������, ������� ������� �������� ������������� ��������� ��������������� �� �������� ���������.

������ ������ �� ������� ����� - ��� �� ����������� �������.

�� ��������� ������������ ������ ������ ��������� ������� ������� ������������ :

"������ ������ ���� ����."

4. ������ ����� - ���������� �������, ���������

������ ���� ����� ������ ����� ���� ������� ��������� ����������� ������� ������ ������� �������� ���� ��������� ������������ , ������ ��� ����� ���������� ��������� ���������.

��� ������� �������� ���� ������� - ��� ����� ��������� �����, ����� ����� ������ �������������.

���������, ������� ����� ����� �������� ������, ��� �� �������� ��������� ��������:

�������� ������� ��������� �����.

" ���� �������� ��������������������� ��������������� . ��� ������ ������ ������� ���� ���������������."

5. �������� ������ ����� — ������� ������� ����

������� �������� ������� �������������, ���������� ������� ������ ������������� ������� ������������.

������ ����� � ������� ������ ������, DRDO�� ������� ����� ������� �������������� ������� ��������.

��� ������� ����� ��������� ���������������� ; ��� ��������, ��������� ��������� ����� �������� ��� ��������� ��������������.

��� ������.

��� ���� ���������� ���� ���� ����������������:

"����� ����� ����� ���� ����� �����."

6. ������ ������� �������

���������� ���� ���� �������� - ������� ����� ������, ��������� �������, ����� ������� ����� ������� �����, ��������� ��������, ������ �����, ������� �������������.

�������������� ������������, ������� ������������ ������ ������� �������������� ����.

��������� �� ������ ���� ������, "���� ������ �������" ��� �����������������, ��� �������������� ������ ���� ���� ���� ���������� ���� ����������.

7. ������ ��: ��������� ����� �������������� ����

������������� ������ ���� ����� ������ ������� ��������� �� ����� ����� ����� ����� ₹5,000 ������ ���������������.

��� ������� �������� ���� ������� ������� ����� ������������ �� ��������� �������� �����������.

��� ������������� ��� ������� ���� ���� ���� - ������ ��� ���� ����� ������� ����.

������ ����� ��������������������� ” ��� ����������.

� ����������� � ������ ���� �������.

8. ����� ����� ���� �����

� ��������� ����� ������ ���� �������� �����������:

������: ������ ����� ������ ���� ������.

������: ����� ������������ ������ ����� ����������.

���������: ���� ���� ���� ������ �����������.

���� ������ ��������������
����� ����.

���� ������������� - �������� ���� ������� ������.

������ ����

���������������� ����� ����� ���� . ���� ������ ����� ������� ������ ������.

������ ��������

�� ���� ���� ������������ , ���� ������ �������������� - ������� ����, ��������.

���� ������� �������������, ������ ����������� ����� ����������� �������.

��� ���� ������ ����.

�������� �����������������

�������� ���� ����������� ������� �������, �� ������� ���� ��������� ��������� ���� ���� ������� �������� ���� ����� ���������.

������� 18� �������� ��������� – ��������� �������, �������� ������� ������������ ������������ ������ ������ �������� ����� �������� ������ ����.

�������� 18 — ��������� ������

(�������� ��������, ���������� �����������)

����� ������������� ���� ������ ������������.

������ ����� ����������� ������, ����� ���� ������ ����� ������ ���������� ��� ���� ��������������.

� ������ ������ ���� ���������� — ���� ����� ���� ������������ ����� ��� �������� ������ ��������� ����������.

1. ���� — ���������� ������ ������

��������� ������ ���� �� ������� ����� ������� ������ ��������������.

��� ����� �� ������ �����, ��� ����� ������� �������.

�������� ������ � ����� �������������; ��� ����� 20 ������ 200 �������.

�������, ��� "����� �����" ������ ���� ������������ ����� ��������.

��� ������?

"���� ��������� ������� �������� . ������� �������� ������� ��������������."

��� ������ �������� ��� �������� ��� �������� �������� ���������� ��������� - ����� ������, ���� ����������, ���� ������������� ������������.

���������� ����������� ����������� ; ��������������, ��� ���������������� ���������.

2. ������� — ��������� ������ ������� ���������

������� �� ������� ���������� ������� ������ ������� ����������.

����� ���������������, ���������� ������ ��������� - ���������� ����� ��������� ���� ���������.

��� ������������ . ��� �� ���������� �������� ������� ��������. ������� �������.

���������, ���� ��� ���������� ��������� �������, ��� ������ ������������� ���������������.

�������� ��� �������� ���������� ��������� ������� ���������� ������ ���������.

"���� �� ����������� ����������������, ����� �� ����������� ����������" ��� ��� ����������.

3. ������� — ����������� ������� ���� �������

������� ����� ������������ ���������� �� ���� ������ ���� �������.

�������� ������������, ��� �� ���������� ����������� - ����� ��� ���� �����������.

��� ������ �������� ����� ������ ���������� �������� ��� ������� ������ ������� ����� ����� ������.

������������� ���������� ������ ����� �������������; ��� ���� ��������� �������� ��������������.

��� �������� ��������� �������.

��� �������, “������� ���� ���������� ����������� ����������� ����� ���������� ����������� �������.”

������� �������� ���� �������� ���������� ������� ���� - ��� �������� ������� ��� ��� �� ���� ������ ���������.

4. ������ — ����� ����� �������������

������ ��� ���� ��������� ���������� ��� ���� ������� ������������.

��� ������� ������� �������� ���������, ������������� ������� , �������� ����� ����������.

��������� 60 ���� �������� �������� ������������ ����������.

������ ������� �� ���� ���������� �������������.

��� �������� �������� ��������� ���� - ����� ��������, ������ ������ ������ ��������� ��������.

"���� ����� ��������� ��������," ��� �������� ����������.

5. ��� — ��������� ������

���������� ������� ���� ���� ����� ������ ���������� �������� ������� ��������� �������� ���������� �������������.

���� ���������� ���������, ���������� ������������� ��������� ���� , �������� ���������� �������� ������ �������������.

��������, ���� ��������� ������ ��������� 200 ���� ���������� ��������������.

����� ����������� ����� ������? ���������� ������ ������ ���������� ��� �������� �������������������?

"���� ����������������. ������� ���������� �������� �����������."

6. ������� ������

�������� ������� �������� �� ������� ����������� ����� - ����� ����������� �������������� ����� ����� ������.

����� ��������� ������������������, ����������� �������������������, �������� ��������������� ������ ����� ���������������� ��������� ������� ��������.

�������� ������� ����� ����� ����� ���������. �������� ���������� ���������� ����������������.

7. �� �������� ����� ���������� �������� ���� ���������������

�������� ������������ ��������� - ��������� ����� ��������������, ��������� �������� �������, ������������� ��������� ������� �����������.

�������� �������� ���������. ����� ������� ������������. ����� ������� ��������.

�� ����������� �� �������� ����� ��������������, �� �� ���������������� �����������.

����������� ������������� ��������������� ������� �����.

��� �������� ������������� ������� �����������.

8. ������� ��������: 12� �������� ��������

������������������� �� ������� �����������, ���������� ����� �������� ����������� ���������������� �������� ������������, ������������ ������������

����� ������ ��������������� �� ��������-����������� ������� ������.

���� ���� ���� ���� 12 ��� ��������.

�����, ���� ��� ��������� ����� ����������� ���������, ������ �������������� ������������� �������� ������� �������.

���� ���������� ��������, "���� ��������� ������ ���� . ���� ����� �������� ������" ��� ��������.

������� ���� ���� ����� �������������� ������������ ����� �������������.

9. �������� ��������

1. ���� ���������� ���� ������ ����� ������� ������������ �������������. ���� ������ �������.

2. �� �������, �� ������ ���� �� ������������ ���� �������.

3. �� ������� ���� ����� ������� �������������� ���� ������������ �������������.

4. �� �������� ��������� - �� ����� ���� ���� ������ ����� - ������� ������������������ ������������ ������.

������ ����

������ ����������� ������������ ����� ���� . ��� ������ ����� ������������ ���������������.

������ ��������

����������� ���� �� ������ ���������, ������� ���� ���������� ��������������� ������������ - ���������������, ��� "�����" ����������� ����.

��� �� ������ ���� ��� ������ ������ ���������.

����� ������������� — ������������, ��������, ����������.

—-

������� ���������������

������� ����� �����������, ��� ��� ���� ��������� ���� ������.

��������, �� ��������, �� ��������� ����� ������� ������������ ������ �������� - ����������� ����� ������ ���� ������������.

��������� ����� ����� ��������

������ ������ - ����� ���������������� �������� ���� ����� ��������� ���� ���������.

������� ����� �����
��������

(������� �����������,
��������� �����
�����������)

������� �������� ����������� ������ ������ ��������� ���� ������ ����������.

��� �� ����, �� ��������� ����, ������������ ���� ������ ��� ���� ������������ ����������.

� �������� �������� ������ ������ ��������������, ���� ��� �� ������������ ������������: ������ � ������ ���� � ������ ������� �����.

1. ���������� ������ ���� ������?

���������� ���� ������������.

������ ���� ������, ���, ��������.

���������� ������ ���������� ������ ������ .

��� ��������� ����. ��� ����������.

����������� ������ �� �������� ���� . ��� �� �������:

������ ������� ����������� ������ ���������� ���� - ��� ���������� ��� ���������.

2. ������������ ���� ���������

�. ������� — ��������� ������ �������� ��������� ����������, ���������� �������.

��. ���������� — ����������� ������ ���������� ������� ���������� �������� ������ ����������.

������������� ������ ���������� �������� ���������� ������� ���������, �������������� ���� ������ ���������� ���������� .

��������� ��������� ���������� ������ ������ ����� .

��� �� �������� ������������ ����������������.

3. �������� ��������

� ���������� ������ ����� ������� �������� �������������, ��������� ��������� ������������.

�������� ������ ������� , �������� ���� ��������:

��������� ����� ��������������������� ���������� �������� �������������� ���������.

���������-������� ����� ���������-������� ���������� ������������.

������� ��������� ��������� ���� �� �-�������� �������� ������������.

�������������� ��������������� ������������ ���� ����������

������������� ����������� ������������ �������� �������.

������ �������� ������� ���������� ������������.

������ ������ ������ ������� �������� ��� ������������ ��� �������� ������������.

4. ��������

��� ��������� ������ ����� .

����������� ����� �������� ������ �����-�������� ��������.

����� ������� �������������� ������������� ����� ������� ����� �������, ����� �����������.

���������� ��������� ����� .

����� ���������� �����. �� ��������, �� ������������, �� �������������� �����������.

����������� ��������� ��������������������.

����� ���������� �������������� ������������

��������������� ������ ��������� ��� ����� ������ ���������������������� ����� ��� �������� �������������.

����� ��� ������ ����������, ��� ����������� �����������������������, ��� ����� �������� ����������� ������� ����������������.

������ ������������ ���� ����� ����� ���� . ��� ���������, ���� ����� ������� �������.

��� ���� �������� ����� ���������: ������ ������ ����� �������������, ���� ������������� ������� ����.

������� ����� �������

(��������� ������, ������ �������� ���� �� ������ ���������-���� ����� ���������.)

���� ����������� ������������.

���� �������������, ������������ ����� ������������.

���� ��������� ���� ��������� �����������.

���� ���� ����, �����������.

���� ����� ����������� ���� �������� ������� �������������.

��� ������ ����. ��� �� ������.

7. ����� ������: �� ����� ���������

������� ������ ����� �������� ������ �� ����� ���������� ����������� ����������.

������ ��� ������ �������� ������������ �������������� - ����� ��� �������� ������� ���� ��� ������ ������ ��������.

� �������� ��� ��������� ������ �������.

��� ��������� ����� - ����� ������ �������� ���������,
�������� ��� ������� ����.

8. �������� ������� ������

����������� ������ ������ ���������� �������, ���������� ���� ����� ���� ���� ���� ���������� ����������� ������� ����������� ����������.

����� ���� ������ ��������������, � ����, � ��������������, � �������� ������ ������.

��� ������ ���������� ���������� ������ ����.

������������ ���������� ��� ���������������.

������� ����

�� ������� ������������������, �������� ����������� ������ �������� ����������.

������� ���������

� ��������� ���� ������ ������� ���� ����, ���� ��������������� ���� ������ ���� — ���� �������� ������.

���� �����. ���� ������. ���� ����.

� ��������� ����� ��������������� ��������������� ����� ��������� ��������� ����� ������� ��������������.

������ ���� (������������ ����-���)

���������� ������ ��������� �������������� (������� ���������) ��������������.

2. ���� �������� ���� ����� �������� ���������� ������� ���� ��������� ������������.

3. ���������� "��������� �������" �� ������� - ������ ������ ���������� ������ ���� ������ ������ ����� ��������� ����������.

��������� ������ �������� ������� ������� ����������������.

—-

�������� ������

���� �������� ���� �������� ����.

���� �� ������ �������� ������������ ������� ��������.

�������� ���������������.

������ �������� ������, ������� ���� ���������.

��� ��������� ������ ������������ — �������������, ���������, �������� ��������.

�������� �������� ���������������. ��������� �������. ����� ���� �� ���� ���������������, �������� ��������� ��� ��������� �������� �������.

� ������� ��� ����������� - �������� ����, �������������.

���� � ������� ����������� �����������.

������� ������������� - ����� ���� ���������� �� ���� ��������� �������.

- ���� �����

�������� ������������ ��������� ��������� ���������������� & CEO.

������, �������, ��������� ���� ���� �������

�������: ����� ����������������� ���� ������ & ������

��������� ���� ������ ����� ������������ ����� �����.

1. �������� ������ & ������ �����

�. �������-��� ������ ����

��� ���� ����: ����� ���������

������������ �����

��������������.

��� ����������: ₹10 ����� ����� ₹1

���� ���� ������� ������.

��������� �����: www.standupmitra.in

��. ������ ���� (���� / ������ /

����� ������)

��� ���� ����: ��� ������ �������

��� ����� ����� �������

�����������.

��� �����: ₹50,000 ����� ₹10 ������.

��������� �����: ������ ���������/

���������� ������� ���� www.udyamimitra.in

������

��. ����� ������ ����

��� ���� ����: ������� ���������

����� ������� ����������

��������� ������.

���������: 75% ������� �������

����� �������� ������.

����������: www.coirboard.gov.in

��. ��������� ����

��� ���� ����: ������� ������ ����
������������� �������� ���������-
�����������, ���������, ��������.
���� �������: ₹50,000 ����, �� ���������
���������� ��.
��������� ��������� ��������:
������� �������� ��� �������� ������
��� ������ ����������.
�. ������� ���������������
������� ��������������: ��������� MSME
��������������� ����������,
���������� ��������� ������ �������
������ �������� ������������ ����
��������������.
���� ����������������:
www.udyamregistration.gov.in

2. ������� & ������������
��������������
�. ������ ������ ��������� ������ (NSIC)
������ ����� ����������������������
������� ������������ ��������������
(ESDP) ����������������.
����������: www.nsic.co.in
��. MSME-DI �������� ����������
�������� ��������, ��������
�������������� ������ ����������
������������ ����������
������������� ����������� ����
�������.

������� ���������� ����� ������:
�� ������������� MSME ����������
�����.
��. ALEAP (���� �����
������������������ ����)
����������� ����������
������������� � ���������� �������
����� ������������� ������������,
������ ����� �������������
������������.
����������: www.aleap.org
��. ���� ����� - ����� �����������
����� (WEP)
�����������, ����� ��������� �����
��������� ���� ����� ��������� ���.
����������: www.wep.gov.in
�. SIDBI ����� ����������� ��������
������� ����� MSME ��� ���������
������������� ����� ��������
���������.
����������: www.sidbi.in
3. ������������� & ������� �������
FICCI FLO – �������� ���������������
������������� FICCI ����� ������.
CII IWN (�������� ����� ����������) –
�����������, �������
������������� ����� ���������.
������� – ����� ��������� �����
������������� ���� ��������
���������� �����.
���������: �����
������������������� ������� (WEI) –

����-��-���� ����������, ���������
����������� ������ ���������.
������ ��������� �����������-
������������ ������ ���������������
����������� �������� ������� ������.

4. ��������� �������� �������

1. ���� ��� - ������� ����������� - ��������� ������ ������������.
2. ���� �������, ���� ������� - ������ �������� - ������� ������������ ����.
3. �� ���� - ���� ������ - �������� ������ ������ ����������� �������� ���� ����.
4. ���� �� �� - ������ ���� & ���� ��������� - ������� ������ �������������� ������������� ����������.
5. �� ���� ���������� - ������ ������ - �������������, ����������� ������ ������ ������ ���� ���������� ��������.

5. ������������� �������� ���� �������� ��������

���� / ��������� �������� ������
�������� �������, ���������
���������� & ���������� ���������,
���� �������, ���������
���������� / ��������� ������� Shopify,
Wix, Instamojo
������ ������� ������������ ����,
������, ���������

���� ������������� WhatsApp ���������,

Google Workspace

���������� & �������� ����������

���� ��������, ������� �������

6. ������� ������ �� ������

���� ������� ������������, ����

��������� ��������� ��������

������� ��������.

������������������ ���� �������

������ ����.

���� ��������, ���� ������ ������

������-� �������� ���� ������

�������� ������������ ��������.

� ���������� ������� ������� ����

��������������� ���� ������� ����

������� ������������ ������� ���

���������������.

��������� ������ ��� �������������-

����� ������� ������ �������.

����� ���� �����

������� ����� - ���������� ��������

��������� ��������� ���������� ������� �� ���������� ��������.

� ������� ���������� ������� ����.

��� ���������, ����� ����� ����� ������� ����� ������ ������������, ���� ���� ���� ������ ������ ���������� ����� �������.

�� ����� ����� ����� ���������� ����� ������ ������������, ������ ����� ������� ��������� ����, ������� �������� ����� ������������ ��������� ���� ����� ������ ���������� ����� �� ������ �����.

��� �������� ���������, ��������� ������� ����� ����������� ������� ����� ���� ���������� ������ ���������.

���� ������� ����������������� ���� ��������������������, � ������� ���� ������������:

�� �������� ���������� ����������.

����������, ��������������� �� �������� ��������������.

������ ����� ����������� ����� ������������ - ���������,

�������������� ����� �������������.

����������� ���������� ������� ������ ����������� �������������������� ����� ������������� ������������ ����� ������� �������.

��������� ������������ ����� ��������� ������������� ����.

��� ��� �������.

����� ������ �����������������, ���� ������ ���� ����� ���������.

���� �����

�������� ������������� ���������� �������� �������������� & CEO.

�������, ��������, ��������������.

����� �������

���� ����� �������� ������������� ���������� ��������� ����������������� ������ CEO, ��� ��� ������ ������� ���������� ���������� ������ ������������ ����������������� ������� ���������� ����������� ������� ����������.

���������������� ������� ������������� ������� ����, ������������������� ������ ���, �������� �������� �����������, ������ ���� ������� ����������� ������� ���� ���� ������ ��������� ��������� ����������.

���������� ������ ������� , ���� ������ �������������� ��������������� �������������� - ������� ������� ������ ��������� ���������� ����������� ��������������� ��������������.

��� �� �������, ������������ ���� ������ ������� ������� ����� ���� ������ ��������������� �������� ������������������ �������� �����������.

www.ingramcontent.com/pod-product-compliance
Lightning Source LLC
LaVergne TN
LVHW040438051026
849517LV00002B/664